튀고 싶지만 튀지 못하는
소심한 반항아들

낀대 패싱

튀고 싶지만 튀지 못하는
소심한 반항아들

윤석만·천하람 지음

가디언

프롤로그

튀고 싶지만 튀면 죽는 개인의 탄생

정치인 이준석은 흥미로운 캐릭터다. 여러 면에서 좌충우돌하지만, 거대 정당 최초의 청년 대표로서 그의 여정은 계속 진행되고 있다. 이준석 개인에 대한 평가는 차치하더라도 '이준석 현상'에 대한 정치·사회학적 분석은 충분히 논의해볼 필요가 있다. 20대 남성이 왜 그에게 열렬히 환호하고 적극적인 지지를 보냈는가 말이다. 그 과정에서 우리는 두 가지 중요한 사실을 발견할 수 있다.

첫 번째로, 특정 연령대의 특정 성별을 대표하는 정치인이 전 사회적 스포트라이트를 받으며 유력 정치인이 된 경우는 드물다. 이대남을 대표하는 이준석이 거의 처음이라고 할 수 있다. 2000년대 초반 20대가 노무현 돌풍의 큰 원동력이긴 했지만, 남녀 고루 노무현을 지지했고, 그 지지층 또한 20대에만 한정된 것은 아니었다. 즉, 20대 남성을 대표하는 정치인이 이렇게 큰 주목을 받아본 것은 처음이란 이야기다.

두 번째로, 정치인 이준석의 정체성이다. 1985년생인 그는 젊은 나이답지 않게 노회한 정치술을 구사한다. MZ세대의 특성을 일부 보이긴 하지만 그를 MZ세대로 보긴 어렵다. 이준석과 그 동년배가 가진 아날로그와 디지털의 복합적 감성은 90년대생의 그것과는 확연히 다르기 때문이다. 뒤에서 자세히 살펴보겠지만 이준석 은 586과 MZ 사이에 끼어 있는 '낀대'이다.

그렇다면 이 두 가지가 왜 정치·사회학적으로 중요한 의미를 지니는가. 현대 민주주의 사회에서 정치의 본질적 역할은 '대의(代議)'다. 사회엔 본래 다양한 갈등과 균열이 존재하며, 이를 조정하고 해결하는 게 정치다. 그래서 데이비드 이스턴은 "사회적으로 희소한 자원과 가치를 권위적으로 배분하는 것"이 정치라고 정의했다. 정당이 곧 사회 균열 구조와 맞아떨어졌을 때 본연의 기능인 대의정치가 잘 구현된다고 볼 수 있다.

20세기까지 정당은 주로 자본가인 부르주아 계급과 그에 맞서는 노동자 계급을 중심으로 갈등 구조가 형성됐다. 당시 정당은 사회 균열 구조와 맞아떨어졌고 정당을 통해 갈등이 조정되며 합의점을 찾았다. 그러나 사회가 분화하면서 젠더·문화·환경 등 다양한 갈등 요소가 생겨났고, 복잡한 이해관계를 대표하며 조율하는 '대의' 기능이 더욱 중요해졌다. 이 때문에 유럽은 다양한 가치를 표방하는 군소정당이 존재하며, 이들이 연정을 통해 합의점을 찾는다.

하지만 대한민국은 어떤가. 수십 년간 더불어민주당과 국민의힘으로 대표되는 두 거대 정당이 한국 정치를 양분해왔다. 그렇다고 미국의 민주당과 공화당처럼 사회의 여러 가치를 유연하게 제도권으로 흡수하거나, 다양한 균열과 갈등의 지점을 찾아 대의하려는 구체적인 노력을 하지 않았다. 그렇다 보니 의회는 매일 뭔가 열심히 일하는 듯 스스로를 포장하지만, 정작 국민이 필요로 하는 문제 해결엔 관심이 없다.

거대 정당이 있었지만, 그저 두 정치 세력이 더 큰 권력을 확보하기 위해 서로의 편을 구분하기 위한 용도로 각기 다른 정당 이름만 차용하고 있었을 뿐이다. 그나마 유일하게 사회의 균열 지점을 정당 구분에 반영한 것이 지역갈등이다. 그것도 진짜 자기 지역구민들의 이익을 구현하기 위한 것이라기보다는 권력을 얻기 위한 하나의 방편으로 지역주의를 조장하고 이용해왔다. 이 같은 한국 정치의 병폐를 깨기 위해 정치에 헌신한 이가 노무현이었다.

이런 관점에서 '이준석 현상'을 다시 살펴보면, 그가 거대 정당의 대표가 됐다는 것은 현재 벌어지고 있는 20대 남녀 갈등이 한국 사회의 중요한 균열 지점으로 자리 잡았다는 걸 의미한다. 아울러 이 갈등이 정당으로 대표되는 공식적인 정치 시스템 안으로 포섭됐다는 걸 뜻하기도 한다. 즉, 의회가 나서 20대 남녀 갈등을 제도적 차원에서 논의하고 해결할 여건이 마련됐다는 이야기다.

물론 이를 생산적인 논쟁으로 이끌어 합리적 해결점으로 찾아갈지는 이준석과 그를 따르는 다른 정치인들의 의지에 달렸다. 다시 말해 20대 남녀 갈등을 자신의 권력 기반을 강화하기 위해 이슈를 불태우는 연료로만 사용할지, 아니면 문제 해결을 위해 다양한 이해관계를 가진 정치집단과 협상하며 합의점을 찾아나갈지는 이준석의 정치 역량과 직결된다는 이야기다. 다만 지금까지 그의 행보를 보면 후자에 큰 기대를 하긴 어려워 보인다.

그러나 이 문제에 시민들이 관심을 가진다면 상황은 달라진다. 표를 먹고 사는 정치인의 속성상 시민의 의지는 정치인과 내가 원하는 정치 지형을 바꿀 수 있기 때문이다. 그런 의미에서 이 책은 문제 해결의 중요한 단초가 될 수 있다. 뒤에서 자세히 살펴보겠지만, 20대 남녀 갈등은 비단 젊은 세대 내부의 남혐, 여혐 문제가 아니다. 오히려 20대와 그들의 아버지 세대 간 갈등에 1차적 원인이 있다. 성장의 정체라는 구조적 어려움 속에서 정치·사회·경제적 기득권을 과점한 586과 그로 인해 정당한 사회적 기회마저 박탈당한 20대의 반목이다.

그리고 그 한가운데에 '낀대' 있다. 이 책에서는 세대를 나눌 때 10년 단위의 생년 구분법을 쓰지 않는다. 즉 60년대생은 586, 70년대생은 X세대, 80~90년대생은 MZ세대와 같이 기계적으로 구분하지 않는다는 이야기다. 이런 방식의 세대 구분은 개념을 단순화해 이해를 쉽게 하고 흥미로운 이야깃거리를 만들어낼지는 몰라도, 이 책이 목표로 삼는 세대 간 이해와 합의점 찾기라는 사회적 가치를 구현하는 데 도움이 될 수 없다.

앞서 이준석을 낀대라고 소개했듯, 이 책에선 젊은 세대와 기성세대 간 간극을 이해하는 핵심 키워드로 '낀대'를 제시한다. 낀대는 대체로 1970년대 중반에서 1980년대 후반에 태어난 이들을 뜻한다. 물론 태어난 생년 자체가 낀대를 정의하는 유일한 기준은 아니다. 다만 기존에 우리가 써왔던 X세대와 MZ세대에 중첩돼 있다는 점을 강조하기 위해 생년의 대략적인 경계를 정했다. 정확히 말하면 낀대는 위로는 586에 치이고 아래로는 90년대생에 낀 샌드위치 세대다.

낀대는 학력고사가 아닌 대학수학능력시험으로 입시를 치렀고, 어릴 때부터 학교보다 사교육 의존도가 높았다. 1997년 외환위기로 잠깐 삐끗했지만, 이전 세대와 달리 성장기에 전례 없는 물질적 풍요를 만끽했다. 대중문화 개방으로 전 세계 가요, 영화, 만화, 게임 등이 봇물 터지듯 들어왔고, 청소년기부터 다양한 문화적 감수성을 습득했다. 아울러 연예인에 대한 강력한 팬덤으로 10대가 소비의 주축으로 떠올랐고, 대중문화 역사상 최초로 '개인'의 탄생(개성)을 경험했다. 그 덕분에 '낀대'는 대중문화계에선 소비 여력이 높은 큰손으로 통한다.

그러나 한계도 있다. 낀대는 문화적 역량에선 특출나지만, 그 외 다른 분야에선 제 몫의 목소리를 내지 못하고 있다. 당장 정치권만 하더라도 현재의 주도권은 586이 갖고 있으며, 그다음 세대교체의 주역으론 90년대생이 거론된다. 정치권에서 낀대는 패싱될 가능성이 크다는 이야기다. 불편하게 들릴 수도 있지만 낀대는 정치와 예능을 구분하지 못하는 모습도 많이 보인다. 이에 대해선 향후 자세히 살펴볼 것이다.

경제와 산업 분야도 별반 다르지 않다. 요즘 대기업 인사를 다룬 동정 기사를 보면 30대 사장과 임원 발탁 소식이 종종 들린다. 젊은 나이에 50대가 즐비한 임원 자리에 오른 건 개인으로 치면 큰 영광이긴 하겠으나, 동년배들에겐 오히려 독이다. 연공서열에 따라 승진하고 혜택을 누려왔던 조직문화가 곧 사라진다는 걸 뜻하기 때문이다. 즉, 586세대 밑에서 열심히 참고 일하며 이제 좀 윗사람 대접을 받을까 했더니, 아예 그 자리 자체가 없어지게 됐다.

이렇게 '낀대'는 위로는 586에 치이고, 아래로는 90년대생의 눈치를 보며 이도 저도 아닌 세대가 돼버렸다. 청소년 시절 남과 다르고 싶고 나만의 개성을 살리고 싶었지만, 성년이 된 지금 남은 것은 '튀고 싶지만 튀면 죽는다'는 냉엄한 현실적 교훈뿐이다. 그렇게 낀대는 대중문화 영역을 제외한 사회 각 분야에서 패싱될 처지에 놓였다.

책에서 논하고자 하는 바는 크게 두 가지다. 사회적 현상으로 '낀대'가 가진 실체와 의미를 살펴보고, 이를 말미로 청년세대와 기성세대 간의 핵심 갈등의 축을 분석해볼 것이다. 궁극적으로는 세대를 아우르는 이해와 공감의 틀을 넓혀 우리 사회의 정확한 갈등과 균열의 지점을 찾아내고 이를 해결할 수 있는 단초를 제공하는 것이 이번 프로젝트의 핵심 목표다.

책은 두 사람이 나눠 썼지만, 글에 담긴 내용은 서로가 동의하는 부분만 담았다. 개인적 경험을 본문에 녹일 경우에만 필자 중 한 사람을 적시했다. 서로 몸담고 있는 조직의 특성상 최대한 객관적일 수 있도록 여러 차례 토론하고 검증했다. 이 과정에서 생산적인 비판을 아끼지 않은 신민식 대표와 출판사 식구들에게도 감사를 표한다. 이 책이 '낀대'와 한국 사회의 세대 담론을 논하는 데 하나의 이정표가 될 수 있길 기대한다.

70년대 낀대

윤석만

차례

2부 20대의 공정 50대의 정의

3부 낀대 갈등의 주요 지점들

4부 D세대가 온다

1부

잃어버린 세대

1

3045의 정치적 코호트

70년대 낀대

MZ세대는 허구다

흔히 1980년대부터 2000년대 초까지 태어난 세대를 MZ세대라 부른다. 이를 다시 구분해 1980~1995년생을 밀레니얼 세대, 1996년대 이후 출생자를 Z세대라 칭하기도 한다. 그러나 일반적으로 통용되는 표현은 MZ세대다. 여러 학자를 비롯한 평론가들은 MZ세대가 디지털 환경에 익숙하고 개인적이며, 자기 의사 표현이 뚜렷한 특징을 갖는다고 말한다.

일반적으로 우리는 세대를 구분할 때 생년 단위를 기준으로 한다. MZ세대에 앞서 1970년대에 태어난 이들은 X세대, 1960년생들은 586세대로 불려왔다. 그런데 이런 구분이 정말 맞긴 한 걸까. 신문과 방송 대부분 매체에서 이야기하듯 10년 혹은 20년 단위로 생년을 끊어 세대를 구분하는 게 과연 옳으냐는 이야기다. 아무래도 뭔가 이상하단 생각이 들지 않는가.

이제 갓 초등학교에 입학한 딸을 둔 김진혁(가명) 씨는 1982년생이다. 소위 '빠른' 연생이라 학교에 일찍 들어갔다. 그 덕분에 친구들은 대부분 1981년생이다. 김 씨는 얼마 전 팀장으로 승진했는데, 기쁜 마음보다 부담이 더 컸다. 매일 부딪치는 소위 X세대 선배들은 김 씨가 MZ세대인 2030대 직원들과의 가교 역할을 할 것이라고 기대한다. 하지만 김 씨는 도통 MZ세대의 마음을 모르겠다. 아니 MZ세대가 뭔지도 이해가 잘 안 간다.

사회적 통념상 자신이 MZ세대로 불린다는 건 알겠지만, 사실 본인의 정체성은 X세대에 가깝다고 생각한다. MZ세대는 디지털 환경에 익숙하고 SNS를 일상처럼 사용한다는데, 자주 쓰는 디지털 기기라고 해봐야 업무용으로 쓰는 노트북과 일상에서 사용하는 스마트폰이 전부다. SNS도 대학 다닐 때 유행했던 싸이월드와 그나마 비슷한 페이스북 정도만 가끔 눈팅하는 정도다. 김 씨는 정말 MZ세대가 맞는 걸까.

반대로 1970년대에 태어난 이들은 모두 X세대일까. 89학번에 50대인 70년생은 오히려 586세대에 가깝다. 이들이 겪은 학창시절의 경험과 감성은 그 윗세대인 586세대와 더욱 맞닿아 있다. 실제로 1970년생인 박진수(가명) 씨는 80년대 학번의 막내로서 동년배인 586 기성세대가 청년들을 위해 배려·양보해야 한다고 말한다. 앞서 김 씨의 사례처럼 10년 단위의 생년 중심 세대 구분법은 그에게도 통하지 않는다.

이처럼 지금까지 우리가 믿고 따라온 세대론은 거대한 착각에 기초하고 있다. 이는 마치 신년운세에 나온 12간지별 설명이 그해 태어난 모든 이에게 맞아떨어질 거라고 믿는 것과 같다. 그러므로 586세대, X세대, MZ세대처럼 10년 또는 20년 주기로 나누는 세대 구분법은 일종의 착각이다. 즉 단순 생년에 따라 공통의 정치·사회·문화적 특성을 파악하려는 시도는 네 가지 혈액형으로 인간의 성격을 규정하려는 것과 크게 다르지 않다.

그럼 세대 담론 자체를 아예 포기하잔 뜻인가. 그렇진 않다. 10년 단위로 생년을 끊는 현재와 같은 기계적인 세대 구분법을 탈피하잔 이야기다. 물론 지금의 세대를 모두가 동의할 만한 기준으로, 어느 한 연령대도 빼놓지 않고 구분할 수 있는 대안을 찾기는 어렵다. 다만 이 책에서는 핵심 주제인 '낀대'에 대해서만이라도 좀 더 설득력 있고 유연한 세대 정의를 내려보고자 한다.

결론부터 말하면 낀대는 대강 1970년대 중반에서 1980년대 후반에 태어난 이들을 뜻한다. 기존의 통념대로 보면 X세대와 밀레니얼 세대에 중첩돼 있다. 위로는 586세대에 치이고 아래로는 진짜 MZ세대에 낀 샌드위치 세대다. 그럼 왜 이들을 굳이 낀대라고 다시 규정해야 하는가. 그냥 X세대와 밀레니얼 세대로 놔두면 안 되는가. 낀대라고 불러야 할 만큼 이들만의 독특한 세대적 특성이 존재하는가. 지금부터 그에 대한 답변을 하나씩 살펴보자.

낀대가 진짜 X세대

X세대는 1991년 캐나다의 소설가 더글러스 커플랜드가 발표한 『Generation X : Tales for an Accelerated Culture(X세대 : 가속화된 문화를 위한 이야기)』에서 유래했다고 한다. 이 작품은 1960년대에 태어난 젊은이 세 명이 삶의 의욕을 찾지 못한 채 방황하는 모습을 담았다. 자연스럽게 베이비붐 세대 이후 태어난 1990년대 초반의 청년들을 묘사하는 말로 쓰였다. 특히 담배회사인 필립모리스가 1993년 말보로의 가격을 인하하면서 'X세대'란 표현을 쓴 게 유행의 단초가 됐다.

한국에서 이를 발 빠르게 활용한 건 광고업계다. 당시 아모레 화장품 '트윈엑스'의 콘셉트가 X세대였다. 당시 최고의 청춘스타였던 김원준(1973년생) 등이 출연한 이 광고는 젊음을 대표하는 감성으로 X세대를 묘사했다. '신세대'라는 표현도 유행했는데, 당시 20대의 새로운 취향을 기성세대와 비교하며 X세대란 말이 많이 쓰였다.

하지만 이것은 어디까지나 변화와 유행에 민감한 일부 청년들의 이야기였다. 물론 이 광고가 유행하던 때가 1993년 전후이니 출생연도만 놓고 보면 1970년대 초반에 태어난 이들이 X세대인 것은 맞다. 그러나 모든 트렌드엔 앞서가는 소수가 있고, 절대다수는 천천히 그 뒤를 따라간다. 방송·연예·문화 등에 민감한 1970년 초반생이 X세대의 포문을 연 것은 사실이나, 전체를 놓고 보면 본격적인 X세대는 1970년대 중반생부터라고 보는 게 맞다.

왜 그런가. 세대별 구분이 의미를 갖는 것은 동일 연령대의 사람들이 함께 겪은 사회적 경험이 비슷한 사고방식과 문화의식을 형성하기 때문이다. 그러므로 단순히 태어난 연도가 중요한 게 아니라 그 세대가 함께 성장했던 당시의 배경이 중요하다. 무엇보다 유·청소년기의 시대적 환경이 제일 중요하다고 볼 수 있다. 특히 첫 사회화 공간인 학교에서의 경험은 세상을 바라보는 태도와 인식의 틀을 결정짓는 데 큰 영향을 미친다.

1970년대 초반에 태어난 이들은 유신정권 아래 초등학교에 입학했고, 1980년대에 중고교를 다녔다. 대학 입시는 대학수학능력시험이 아닌 학력고사를 치렀다. 이때는 사교육 금지 조치로 과외 등을 불법으로 여겼다. 해외여행도 자유롭게 다닐 수 없었으며, 당시 뜨거웠던 일본 대중문화도 쉽게 접할 수 없었다. 국제 정세는 여전히 동독과 소련의 건재로 냉전의 긴장을 유지했다.

그러나 1990년대가 되자 천지개벽처럼 많은 것이 변했다. 교과서와 참고서를 달달 외우던 학력고사가 사고능력을 측정하는 대학수학능력시험으로 바뀌었고, 모든 사교육 금지 조치가 해제돼 각종 학원·과외가 성행했다. 대학 진학률도 대학수학능력시험 1세대인 1975년생이 입학한 1994년부터 40%가 넘었고, 2004년(85년생)엔 79.7%로 증가했다.

해외여행 자유화가 된 직후 젊은이들은 배낭 하나 메고 전 세계를 누비기 시작했다. 88올림픽 전후로 경제가 급성장하며 전례 없는 물질적 풍요를 만끽했다. 이어진 대중문화 개방은 당시 세계를 주름잡던 일본 가요·영화·만화·게임 등이 봇물 터지듯 들어오게 했다. 대중문화 역사상 최초로 '개인'의 탄생(개성)을 경험한 세대다.

국제 정세는 말할 것도 없다. 공산권의 붕괴로 자유주의의 물결은 전 세계로 퍼져 나갔다. 국내에선 최초의 문민정부 출범과 함께 과거의 권위주의적 제도와 문화를 무너뜨리기 시작했다. 즉, 1970년대 중반에 태어난 진짜 X세대는 유·청소년 시절 진일보한 자유주의적 토양 아래 성장했고, 산업화의 수혜로 처음 물질적 풍요 속에서 자라난 세대였다. 그리고 이때 대중문화 대통령 서태지(1972년생)가 나왔다.

서태지에 대해선 다음 장에서 다시 살펴보겠지만, 요약하면 서태지와 아이들은 당시로선 혁신의 아이콘이었다. 하지만 1992년 첫 데뷔 무대는 지금 다시 봐도 무안하기 짝이 없다. 당대 내로라하는 음악가 및 평론가들로부터 "멜로디 라인이 약하다", "동작이 많아 그런지 노래가 묻힌 것 같다" 같은 악평을 들으며 10점 만점에 7.8점의 낮은 점수를 받았다. 기성세대의 눈과 귀를 사로잡진 못했던 탓이다.

그러나 한 달 후 상황이 싹 바뀌었다. 당시 유행에 민감했던 20대와 다수의 10대 청소년들이 서태지에 열광하기 시작했다. 과거의 전통과 가치에서 자유롭고, 기성세대의 문화적 문법을 파괴하는 서태지는 어느덧 X세대의 대표 주자가 됐다. 수많은 오빠 부대를 거느리며 이후 각종 팬덤의 원조가 됐다. 물론 이전에도 남진, 나훈아, 조용필 같은 정상급 가수들의 오빠 부대가 있었지만, 서태지의 팬클럽은 적극성과 삶에 끼친 영향력 등에서 차원이 달랐다.

이처럼 1970년대 중반 이후 태어난 낀대야 말로 진짜 X세대적 특성을 갖는다. 집단보다 개인을 우선하고, 자신의 취향과 개성을 드러내고 싶어 한다. 매스미디어의 발달과 함께 다양한 대중문화를 경험하고, 청소년기에 이미 소비문화의 주체로서 경험을 쌓았다. 이전 세대가 겪은 청소년기의 전형적인 스토리텔링이 야자(야간 자율학습)와 두발, 교복 단속이었다면 X세대는 게임·음악·영화 등 본격적인 소비문화가 학창시절 경험의 주를 이룬다.

과거와 달리 가정마다 자녀 수가 크게 줄었지만, 가처분 소득은 급증했다. 그렇다 보니 아이 한 명 한 명에게 쏟는 관심과 투자가 많아졌다. 이것이 청소년기 아이들의 문화적 소비(용돈)가 커진 본질적 이유다. 그러나 이들이 성년이 되고 난 뒤 닥쳐온 1997년 외환위기와 2008년 금융위기는 삶에 큰 좌절을 안긴다. 과거에 경험했던 고속 성장의 수혜는 앞선 세대(586세대)에 모두 빼앗긴 뒤였다.

자연스럽게 낀대는 대한민국 역사상 처음으로 유·청소년기에 물질적으로 풍요로운 세월을 보내고 부모들의 높은 교육열로 큰 기대를 받았지만, 정작 성년이 되고 현실에선 이를 충족하지 못하는 세대적 좌절을 경험한다. 그러나 X세대의 반골적 기질은 그들이 이미 사회 주류가 된 뒤에도 DNA처럼 남아 사회 전반과 조직 내에서 중추가 되지 못하고 아웃사이더로 겉돌게 되는 결과를 초래했다.

기안84는 밀레니얼인가

이 책에서 정의한 낀대의 연령대는 대강 1970년대 중반 출생부터 1980년대 후반 출생까지다. 기존의 세대 구분법에 따르면 1970년대 출생은 모두 X세대이고, 1980년대 출생은 밀레니얼 세대다. 하지만 세대 전반에서 X세대적 특성이 광범위하게 나타나기 시작한 것은 1970년대 중반 출생부터라는 점을 앞에서 살펴봤다. 이번에는 1980년대 출생이 밀레니얼 세대가 아니라 오히려 X세대에 가깝다는 점을 알아보고자 한다.

〈패션왕〉, 〈복학왕〉 등 스테디셀러 웹툰 작가인 기안84(84년생)는 아날로그적 감성이 뛰어난 만화가다. 웹툰이라는 디지털 형식을 취하고 있지만, 그의 작품은 늘 아날로그의 추억이 짙게 배어 있다. 허름한 학교 앞 문방구의 오락기 앞에 모여든 꼬마들부터 수업시간 교과서의 페이지를 넘기며 낙서하듯 끼적인 움직이는 그림까지 기안84의 작품엔 디지털이 없던 그 시절의 추억이 짙게 배어 있다.

그래서일까. 누구보다 트렌드에 민감할 것 같은 웹툰 작가이자 인기 방송인이지만, 그를 가만 보고 있으면 아날로그 감성에 젖어들기 쉽다. 비슷한 생각을 1980년대 출생들은 많이 할 것이다. 그렇다면 진짜 밀레니얼 세대인 1990년대 출생과 다른 점은 무엇일까. 그것은 바로 디지털과 아날로그의 접경 세대라는 점이다. 유년 시절을 아날로그로 보내고 청소년기부터 디지털을 겪었느냐, 아니면 처음부터 아날로그 없이 디지털을 겪었느냐의 차이다.

개인용 컴퓨터가 본격적으로 보급되기 시작한 것은 1990년대다. 가정용 전화기에서 핸드폰으로 넘어가던 과도기에 '삐삐'라는 물건을 기억하는 연령대는 1980년대 출생까지다. 1990년대에 태어난 이들은 실제 삐삐를 본 기억이 없다. '세상에 이런 물건이?' 같은 느낌의 '짤'이나 '응답하라' 시리즈와 같은 레트로 감성의 영화·드라마에서 본 게 전부다.

즉, 1980년대 출생이 1990년대 출생과 가장 다른 점은 어릴 때 아날로그를 겪었으나 자라나면서 자연스레 디지털 문화를 습득했다는 것이다. 쉽게 말하면 어릴 땐 오락실이 전부였는데, 나중에 보니 스타크래프트 같은 '신박한' 게임이 생겨났다고 비유해볼 수 있다. 이는 큰 강점이자 한계로 작용한다.

하지만 지금 낀대가 느끼는 현실은 위로는 기가 센 586에 치이고, 밑으로는 진짜 밀레니얼 세대의 눈치를 보며 하루하루를 버티고 있는 신세다. 이렇게 1970년대 중반 출생부터 1980년대 후반 출생까지의 낀대는 어느덧 사회의 중추로 성장했지만, 그 역할과 위상을 제대로 인정받지 못하고 있다.

이들은 한국 역사상 처음으로 자신의 계층적 위치와 소득 수준이 부모보다 못하다고 느낀 최초의 세대기도 하다. 여전히 사회 곳곳에서 기득권을 가진 586세대에 짓눌려 일찌감치 길들여졌지만, 자신이 사회초년병 시절 해왔던 방식으로 후배들을 대할 순 없다. 왜냐하면 '90년대생'은 전혀 새로운 인류라고 생각하기 때문이다.

학창시절에 형성된 기성세대에 대한 소심한 반항아의 마인드가 일부 남아 있긴 하지만, 겉으로 봤을 땐 여전히 말 잘 듣는 모범생이며, 회사에선 큰 소리 못 내는 예절 바른 사원이다. 한마디로, 낀대는 '튀고 싶지만 튀면 죽는다는 생각'을 의식 저변에 안고 살아간다. 스스로 개성이 있다고 판단하지만, 세대 바깥에서 보면 몰개성이라고 느낄 만큼 집단적이다.

사회 비판적이라고 하지만, 행동으로 직접 옮기기보단 키보드 워리어에 가깝다. 유·청소년기를 지나며 겪은 외환위기와 금융위기의 경험은 경제적 안정이 인생의 제일 목표라는 주술을 체득케 했고, 전보다 좁아진 취업문은 치열한 경쟁과 낙오된 이들의 열패감을 당연하게 받아들였다. 그렇다 보니 반골 기질을 갖고 있어도 티내지 못하고, 비판적 사회의식이 있어도 행동을 주저한다.

하지만 이런 낀대에게도 다른 세대가 범접하지 못하는 뛰어난 역량을 보이는 분야가 있다. 바로 대중문화계다. 서태지에서 HOT·젝스키스, SES·핑클로 이어지는 팬덤 문화를 만들어냈다. 청소년기에 이미 단순한 문화의 소비자가 아니라 생산자로 우뚝 섰다. 그렇기에 사회의 다른 분야에 비해 낀대는 유독 문화계에서 큰 힘을 발휘한다. 다음 장에서 이 부분을 자세히 살펴보자.

2

대중문화의 보고

70년대 낀대

서태지 세대의 탄생

서태지와 아이들의 충격이 올해 가요의 여러 현상을 설명한다. 최근 몇 년간 우리 대중음악의 대부분을 점유해온 이른바 발라드 가요는 올봄까지 신승훈의 '보이지 않는 사랑'을 정점으로 맹위를 떨치다 서태지와 아이들이 불을 댕긴 댄스·랩 음악에 의해 일거에 밀려났다.

사실 지난 2월 뉴키즈 온 더 블록의 내한공연이 기성세대를 놀라게 한 하나의 사태로 발생했을 때 당분간은 청소년들의 대중음악문화가 침체할 것으로 여겨졌으나 그것은 결과적으로 대중음악이 온통 10대들에 의해 장악되고 말 것을 예고하는 것이었다.

> 반면 코믹하고 경박한 가사로 치닫던 트롯리듬의 가요들은 흔적을 찾아 보기 어려울 정도로 풀이 죽게 됐다는 것이 성인가요에 굶주린 우리가요를 더욱 빈약하게 하고 말았다. …중략… 독특한 신세대 리듬은 성인들의 음악을 더욱 왜소하게 만들고, 따라서 10대들의 음악에 대한 성인들의 괴리감은 더욱 깊어지게 됐다.
>
> – 중앙일보 1992년 12월 25일자

서태지 신드롬이 얼마나 거셌는지 잘 보여주는 사례가 있다. 중앙일보 1992년 12월 25일자 문화면 톱기사는 대중문화 결산 특집이었다. 기사 제목은 '10대들 랩 열풍, 가요시장 점령'이다. 그 밑에는 '서태지 충격 번져'라는 소제목을 달았다. 그러면서 서태지와 아이들의 사진을 큼직하게 실었다. 1992년 서태지가 안긴 대중문화계의 충격이 그만큼 컸다는 이야기다.

알려진 대로 서태지는 원래 록그룹 시나위의 기타리스트였다. 하지만 짧은 활동 기간을 뒤로하고 그는 곧바로 아이돌 그룹의 시초가 됐다. 사실 오늘날 전 세계적으로 각광받는 K팝의 본류를 따져보면 서태지까지 올라간다고 해도 과언이 아니다. 랩과 멜로디의 조화, 절도 있는 칼군무, 미소년과 같은 중성적 이미지 등 기존 가요계에선 볼 수 없던 특징이다. 물론 그의 음악이 여러 표절 시비에 걸린 것은 사실이지만, 서태지가 이룬 문화적 업적은 분명히 존재한다.

무엇보다 이후 등장한 본격적인 1세대 아이돌 H.O.T와 젝스키스, god 등이 서태지와 아이들을 모티브로 삼았다. '아이들' 중에 하나였던 양현석은 YG뮤직을 설립해 승승장구했고, 지금도 대중가요계의 큰손으로 여겨진다. 하지만 서태지의 진가는 비단 랩과 댄스를 겸비한 아이돌 그룹의 원형을 만들었다는 것만이 아니다.

그 핵심은 팬덤이다. 이들의 활동 기간은 불과 4년밖에 안 되지만 이들이 남긴 임팩트는 워낙 커 당시 청소년들을 '서태지 세대'라 불러도 무방할 정도다. 이때부터 가요계는 물론 대중문화 전반에서 주요 소비층이 10, 20대로 떠올랐다.

서태지는 소비문화의 주체로 우뚝 솟아오른 청소년들의 지갑을 적극적으로 열게 했다는 점에서 90년대 대중문화계의 중요한 획을 그었다. 자연스럽게 청소년의 연예인 팬덤은 확실한 주류 문화로 자리 잡았다. 중앙일보 기사처럼 "독특한 신세대 리듬은 성인들의 음악을 왜소하게 만들고, 따라서 10대들의 음악에 대한 성인들의 괴리감은 더욱 깊어지게 됐다."

이처럼 서태지가 당시 청소년들 사이에서 문화 대통령으로 불린 것은 맞다. 그러나 1990년대를 수놓았던 다양한 스펙트럼의 대중문화적 감성을 오롯이 서태지 혼자 만들어낸 건 아니다. 서태지와 그의 팬덤으로 대표되는 X세대의 개척자들이 지금 '레트로'라는 이름으로 유행하는 대중문화의 보고를 만들었다.

90년대 감성이 성공한 이유

레트로 감성을 가장 잘 활용하는 인물 중 하나가 김태호(1975년생) PD다. MBC 프로그램 '무한도전'의 연출자였던 그는 유재석을 내세워 본격적인 레트로 감성을 소환해내는 장인이다. 2020년 그는 '싹쓰리'라는 혼성 그룹을 결성해 가요계에 큰 파장을 일으켰다. 1990년대 감성 복고를 모토로 유두래곤(유재석), 린다G(이효리), 비룡(비)을 멤버로 영입했다. 데뷔도 하기 전에 음원 공개 직후부터 차트를 '올킬' 했다. 이들이 내세운 콘셉트는 '감성 복고'다.

먼저 90년대식 멜로디 라인을 강조하고, 기승전결의 뚜렷한 서정적 가사를 내세웠다. 요즘 가요는 라임이 중심이다 보니 굳이 의미가 통하지 않는 단어들의 조합을 내세우는 경우가 많다. 여기에 다양한 개성의 조합을 추구했다. 요즘 아이돌은 그룹 자체의 동질성을 강조하며 기획 단계부터 타겟층이 명확하기 때문에 혼성그룹이 거의 없다. 예상대로 '싹쓰리'는 지난해 여름 가요시장을 요즘 젊은 층의 표현대로 '씹어 먹었다'.

사실 90년대 회귀는 이전에도 여러 번 시도됐고, 그때마다 큰 성공을 거뒀다. 낀대의 맏형답게 김태호 PD는 레트로의 귀재다. 과거 무한도전 시절의 '토토가', 2021년 유행했던 'MSG 워너비' 등도 '싹쓰리'의 문법과 비슷하다. 특히 'MSG 워너비'는 1990년대 중후반 남성들의 로망이었던 김정민을 현대식으로 재해석해 큰 성과를 거뒀다.

김태호 PD 말고도 몇 년 전 유행했던 '응답하라' 시리즈, 또 2020년 '탑골 GD'로 불리며 제2의 전성기를 보낸 가수 양준일 등이 1990년대 감성 복고의 흐름을 타고 현재로 소환됐다. 이처럼 1990년대에서 2000년대 초반까지 이어지는 레트로 감성은 문화계에선 이미 성공 방정식으로 굳어졌다. 지금의 10, 20대도 당시의 패션이 뛰어나고, 음악이 자유롭고 다채로우며, 문화 전반에 개성이 넘쳐난다는 평가를 한다.

그렇다면 90년대가 이와 같이 감성의 보고가 된 이유는 뭘까. 이는 소속사에서 기계적인 시스템에 따라 아이돌을 키워내는 현재의 연예산업과 비교해보면 이해가 쉽다. 요즘 가수가 되기 위해선 청소년 시절에 먼저 기획사에 스카웃되거나 오디션을 거쳐 연습생이 돼야 한다. 오랫동안 그 안에서 각종 스킬을 전수받고 기획사가 원하는 콘셉트에 맞춰 자신을 포장한다. 기획사에선 시장에 잘 먹힐 수 있는 팀 컬러를 원하고, 새로운 시도보다는 기존의 성공 모델을 따라하는 게 더욱 안정적이다.

반대로 90년대는 지금처럼 연예산업이 거대 기업화되기 이전이다. 물론 이수만의 SM과 같은 초기 아이돌 기획사들이 나오기 시작했지만, 그때는 오히려 전문가 시스템으로 정교하게 키워진 아이돌이 신선하게 느껴졌다. 당시엔 그런 가수가 없었기 때문이다. 다양한 시도는 다채로운 문화를 만들고, 이것은 마치 근대 유럽의 문화예술이 르네상스를 맞이하듯 90년대는 한국 현대의 고전이 됐다.

그런데 여기서 한 가지 의문이 들 수 있다. 90년대보다 훨씬 산업화되기 이전의 70, 80년대는 연예산업이 어땠냐는 것이다. 물론 70, 80년대는 90년대의 레트로 역할을 했다. 90년대에도 과거를 추억하는 문화는 존재했기 때문이다. 하지만 70, 80년대가 90년대와 같은 문화적 감성의 보고가 될 수 없던 이유는 시대적 상황과 관계가 깊다.

알다시피 이 시절은 독재정권 치하였다. 장발과 미니스커트까지 단속하는 마당에 문화예술이 다양하게 꽃피울 수 있었을까. 그 당시 금지곡이었던 양희은의 '아침 이슬'만 봐도 그렇다. 지금의 관점으로 보면 이 노래에 어떤 파격과 신선함이 있는가. 물론 지금도 '아침 이슬'의 서정적인 멜로디와 가사는 일품이지만, '다양성'과 '신선함'이 느껴지진 않는다. 사회적으로 자유가 허용되는 진폭이 좁았기 때문에 70, 80년대는 90년대와 같은 감성의 보고가 되기 어려웠다.

두 번째는 본격적인 연예산업이 형성되기 시작한 게 90년대라는 점이다. 앞서 말한 것처럼 90년대 연예산업이 폭발적으로 성장하면서 새로운 수요인 10, 20대의 지갑이 크게 열리기 시작했다. 30대 이상 성인들보다 이 연령대는 문화적 소비에 더욱 많은 돈을 지출할 수 있다. 본인이 좋아하는 기호가 뚜렷하고, 자신이 좋아하는 뮤즈를 위해선 얼마든지 지갑을 열 수 있는 10, 20대가 90년대부터 생겨난 것이다.

요약하면 오랜 독재정권 끝에 맞이한 1987년 민주화, 그리고 1992년 문민정부의 출범 등은 문화적 자유주의를 확산시켰다. 그리고 1997년 외환위기 이전까지 경제호황은 문화산업을 급속도로 발전시켰다. 정치와 경제적 조건이 무르익으면서 자유주의적 문화사회가 뿌리를 내렸고, 그 안에서 대중문화의 보고가 만들어졌다.

이처럼 많은 가능성과 기회가 존재했던 90년대는 '하면 된다'는 슬로건 아래 노력은 정당하게 보상된다는 믿음이 사회 전반에 자리 잡았다. 이는 2002년 월드컵 슬로건 '꿈은 이루어진다'로도 연결돼 대한민국 특유의 역동성을 만들어냈다. 물론 IMF 외환위기로 잠깐 꺾이긴 했지만, 다이나믹 코리아의 저력은 아시아 국가들이 함께 겪은 환란마저 가장 빠르게 극복했다.

경제적 호황기에 대중문화의 꽃이 핀다는 가설은 일본에서도 마찬가지였다. 일본 대중문화의 전성기도 버블이 터지기 직전, 유례없는 호황을 누리던 80년대다. 당시 일본의 전자산업과 대중문화는 한때 미국을 넘볼 정도로 큰 영향력을 발휘했다. 1989년 거품경제가 터지기 직전 일본에선 소니가 IBM과 마이크로소프트를 인수한다는 설이 나돌기도 했다. 미쓰비씨는 당시 세계적인 팝가수였던 마돈나와 전속 광고계약을 맺었다. 이때 일본에선 이미 아이돌 산업이 정점을 찍었다.

3

낀대와 2050의 비교

80년대 낀대

개성은 노래방에서만

낀대들의 기억 속엔 초등학교와 국민학교가 혼재한다. 국민학교가 초등학교로 용어가 바뀐 건 일제 식민지 문화의 잔재라는 지적 때문이었다. 비슷한 맥락에서 과거의 국민학교에는 요즘의 상식으론 이해하기 어려운 일들이 비일비재했다. 대표적인 게 수련회다. 어린 학생들을 먼 곳으로 데려가 억지로 군대와 같은 분위기를 연출했다.

수련회에 가면 조교 선생님들이 시키는 대로 오와 열을 맞춰 체력훈련을 했다. 낮에는 나름대로 힘든 훈련을 하고 밤에는 캠프파이어를 하는 틀에 박힌 스케줄이었다. 굉장히 인상적이었던 것은 '장기자랑' 시간이었다. 전반적으로 군대 같은 분위기에서 딱딱하게 진행되던 수련회가 장기자랑 시간이 되자 완전히 자유로운 분위기로 둔갑했다.

이때만큼은 무게 잡던 조교들이 갑자기 학생들에게 마음껏 '개성'과 '끼'를 발산하라고 했다. 놀랍게도 시키는 대로만 하던 학생들이 갑자기 노래하고 춤을 췄다. 물론 장기자랑의 내용은 H.O.T, 젝스키스, SES, 핑클 등 당대 아이돌의 춤과 노래 같은 특별히 개성이 있다고 보기 어려운 것들이었지만 말이다.

직장인이 된 후 '노래방 회식'을 하면 문득 수련회 장기자랑 시간이 떠오르곤 한다. 회사에서는 업무시간에 개성을 표출할 일도 많지 않고, 개성을 표출해서 좋은 반응을 얻는 경우도 드물다. 용기를 내서 의견을 이야기해도 "그냥 시키는 대로 해"라는 대답이 돌아오곤 한다. 그런데 유독 회식 3차로 노래방을 갔을 때만 개성 있는 선곡과 신기한 춤사위가 대접받는다.

어쩌면 낀대는 학창시절부터 직장생활에 이르기까지 '누울 자리를 보고 개성을 발휘해야 한다'고 배운 것 같다. 평소에는 획일성을 강요받다가, 조직의 분위기가 허용하는 타이밍과 수위로만 개성을 표출하는 데 익숙하다. 그러다가 조직에서 벗어나면 각자의 개성과 취향이 온전히 살아난다.

낀대는 조직 밖에서나마 개성을 발휘하고 세련된 취향을 갖고 있다는 점에서 50대와 구분된다. 문화적으로 축복받은 세대이기 때문이다. 반대로 조직의 분위기를 큰 틀에서 거스르지 못한다는 점에서 20대와도 다르다. 물론 20대도 조직의 압박에서 온전히 자유로운 것은 아니다. 동서고금을 막론하고 자신이 속한 집단의 영향을 전혀 받지 않는 것은 불가능하다. 그러나 확실히 20대는 낀대와는 다르다.

박지성 VS 손흥민

81년생 박지성과 92년생 손흥민은 낀대와 90년대생의 특성이 어떻게 다른지 잘 보여준다. 물론 세대 차이 이전에 두 선수의 스타일 차이가 크게 있겠으나, 세대가 다르기 때문에 플레이 방식도 다르다는 점도 무시할 수 없다.

박지성 선수는 2021년 11월 맨체스터유나이티드('맨유')의 역대 월드베스트11 아시아지역 선수로 뽑혔다. 맨유는 선정 이유를 밝히면서 "박지성은 이타적인 플레이의 귀감이다. 팬들만큼 모든 선수와 스태프가 사랑했다. (중략) AC밀란전에서는 안드레아 피를로를 전담 마크하는 등 상징적인 경기를 치르기도 했다. 빅 게임에 강한 선수이자 이상적인 팀 동료였다. 그리고 맨유에서 우승컵을 들어

올리며 아시아 대륙 선수들의 길을 연 선수"라고 극찬했다.[1]

박지성 선수는 현역 시절에도 '이타적인 플레이어', '이상적인 팀 동료'라는 평가를 자주 받았다. 퍼거슨 감독에게 사랑받았던 것으로도 유명하다. 피를로를 전담 마크 한 AC밀란전을 보면 그 어떤 감독이 사랑하지 않을까 싶다. 그 어떤 선수보다 헌신적인 모습을 보여줬기 때문이다.

짧지 않은 선수 생활이었지만 감독에게 다른 목소리를 내거나 팀원들과 충돌하는 모습을 보여준 장면은 딱히 떠오르지 않는다. 심지어 퍼거슨 감독에 의해 챔피언스리그 결승전 엔트리(출전선수명단)에서 제외되었을 때도 공개적으로 불만을 표출하지 않았다. 엔트리 제외가 되면 출전선수명단에서 아예 제외되는 것이기 때문에 벤치에도 앉을 수 없고 일반 관중과 마찬가지로 관중석에서 경기를 봐야 한다.

박지성 선수는 다른 경기도 아니고 챔피언스리그 결승전 엔트리에서 제외돼 부모님과 함께 관중석에서 경기를 봐야 했다. 한국에 있는 팬들도 크게 놀라고 상심했음은 물론이다. 훗날 퍼거슨 감독은 이 일을 27년간 맨유를 이끌면서 후회했던 사건 중 하나로 꼽았다. 그는 영국 언론과의 인터뷰에서 "박지성은 대단한 역할을 하는 선수였기

---

1 '가가와 신지보다 박지성' 맨유 역대 월드베스트11 선정, 풋볼리스트, 2021. 11. 11. 참조.

때문에 결승전 출전 명단에서 제외한 것은 문제였다"라고 한 바 있다.[2]

추측이지만, 박지성 선수는 겸손하고 차분한 본래의 성격에 더해 자신이 맨유 더 나아가서는 축구 종주국인 영국에 한국 선수의 '본'을 보여야 한다는 부담감이 있었던 것이 아닐까. 1986년생인 필자 중 한 사람은 2000년대 초반 아시아인이 매우 드문 미국 시골 마을에서 잠시 생활한 적이 있다. 당시 아무도 시키지 않았는데도 왠지 모르게 '내가 잘못하면 한국 사람 이미지가 안 좋아지겠지' 하는 부담감을 느끼곤 했다. 한국인이라는 부담감 내지 책임감에서 자유롭지 못했다.

반면 손흥민 선수는 박지성 선수에 비해 훨씬 자유로워 보인다. 손흥민 선수도 팀을 위해 헌신하고 수비에도 적극적이다. 감독과 동료들에게도 크게 사랑받는다. 그런데, 박지성 선수와는 느낌이 조금 다르다. 자신의 감정을 드러내는 것이 훨씬 자연스럽다. 경기 중에 동료들에게 어필하거나 언론을 대하는 태도 등에서 부담감이 덜 느껴진다.

손흥민 선수를 보면서 막연히 가졌던 느낌은 2021년에 열린 2020 도쿄올림픽을 보면서 '정말 세대가 달라졌구나' 하는 확신으로 다가왔다. 메달을 따지 못했다고 분해하거나 눈물 흘리던 세대는

---

2 위 기사 참조.

지나갔다. 태권도 이다빈 선수, 유도 조구함 선수 등 패배하고 나서 상대 선수에게 '엄지척'을 보내거나 상대 선수 손을 치켜 올려주는 장면은 신선한 충격이었다.

20대 선수들은 더 이상 세계무대에서 '국위선양'을 할 필요가 없다. 대한민국의 국위는 이미 충분히 선양되어 있고, 20대 선수들은 태어날 때부터 선진국 시민이다. 더 이상 중진국 국민의 열등감은 보이지 않는다. 다른 월드스타들이 먼저 BTS, 손흥민 등과의 친분을 자랑하는 시대를 20대 선수들은 자연스럽게 받아들이고 있다.

포기할 수 없다

낀대는 50대와 조직생활에 한해서는 크게 다르지 않다. 낀대는 여전히 전형적인 모습의 성공을 꿈꾼다. 기존 방식으로 조직에서 인정받고자 하는 욕구가 적지 않다. 조직에 대한 충성심도 있고, 국가에 대한 사명감 역시 가진 것이 일반적이다.

낀대는 조직에 대한 충성심과 동시에 가족도 잘 챙겨야 한다는 생각이 강하다는 점에서 50대와 구분된다. 결국 낀대는 조직과 가정 모두에서 잘해야 한다는 엄청난 스트레스와 부담감을 가진다.

50대는 워라밸을 추구하는 낀대를 보면서 예전보다 충성도가 떨어진다고 할지 모른다. 그렇지만 낀대는 회식을 하자고 하면 가족에게 미안해하면서도 회식에 가는 경우가 많다. 회식이 싫어도 상사 앞에서는 말을 하지 못하고, '뒷담화'만 하는 일이 흔하다. 낀대는 기존 조직 질서 내에서 인정받고 성공하겠다고 생각하는 것이 통상적이라고 해도 과언이 아니다.

낀대 성공에 대해 갖는 관념 역시 50대와 크게 다르지 않다. 주변 친구들을 봐도 안정적인 직장을 그만두고 도전을 선택하는 친구들을 보면 응원을 해주기보다 '왜 저러나' 걱정하는 경우가 많다.

낀대는 문화적으로는 다양성, 개성을 추구할지 모르지만, 50대와 다름없이 '틀에 박힌 성공'을 원한다. 여전히 어린 자녀들에게 다양한 사교육을 시키며 자녀가 영어, 수학 등을 잘해서 좋은 대학에 진학해 전문직이 되기를 바라는 경우가 많다.

낀대는 조직에서 인정받고, 가족과도 행복하게 지내면서 돈도 많이 벌고, 안정적이고 풍요로운 삶을 살고 싶다. 그리고 낀대는 50대가 했던 방식으로도 성공할 수 있을 것 같다는 생각을 여전히 가지고 있다. 그래서 낀대는 조직에 충성하고, 회사에서는 집, 집에서는 회사 눈치를 본다.

4

위에선 깨지고 아래론 치이고

80년대 낀대

요즘 애들은 다르다

1986년생인 필자 중 한 명이 한때 몸담았던 김&장 법률사무소에 다니는 친구들을 만나면 대부분이 후배들 흉을 본다. 변호사 경력 10년 차 내외로, 일반 회사에 비유하면 중간관리자급이라고 할 수 있다. 후배 흉을 보는 이유는 대부분 비슷한데, 요약하면 '나 때는 안 그랬는데 요즘 애들은 책임감도 없고 열심히 하지 않는다'라는 것이다.

구체적으로 들어보면, 우리는 밤을 새우든 주말을 포기하든 선배들이 일을 시키면 책임감으로 했는데, 요즘은 후배들이 개인적인 이유로 일을 거절하기도 하고, 거절까지는 안 하더라도 싫은 티를 내면서 일을 대강 해오는 경우도 많다는 것이다.

실제로 필자가 김&장에 근무할 때는 어지간해서는 일을 거절하지 못하는 분위기였다. 기억에 남는 장면을 말하자면 자정 즈음 퇴근을 하려고 엘리베이터를 탔는데, 옆 방 선배 변호사가 "설마 벌써 퇴근하는 건 아니지"라고 해서 차마 퇴근한다고 말을 못 하고 선배 옆에서 간접흡연만 하고 다시 올라와 일했던 기억이 난다.

김&장 변호사들도 '요즘 애들은 다르다'라고 하는 것은 꽤 의미가 있는 일이다. 김&장은 우리나라 문과 최고 엘리트들이 모이는 곳 중 하나다. 엘리트 대부분은 체제에 효율적으로 순응하고, 본인 스스로도 체제에 순응해서 얻는 것이 많다는 것을 잘 알고 있다. 김&장은 그런 엘리트들의 특성을 잘 이용해 알아서 열심히 할 수밖에 없는 분위기와 치열한 내부경쟁 구조를 만들어둔 곳이다.

앞서 살펴봤듯 가족이나 여가를 중시하는 사회 분위기는 자연스럽게 격무에 시달리는 낀대들의 태도에도 영향을 미친 것이 사실이다. 그렇지만 필자와 동기들은 선배들이 무리한 일을 시켜도 그저 뒤에서 욕을 할 뿐이었고, 대놓고 일을 거절하거나 불만을 제기하는 사례는 많지 않았다.

친구들은 예전에는 우리 연차가 되면 그래도 여유가 있었는데, 후배들이 일을 덜 하니 요즘도 너무 힘들다고 토로한다. 그러나 종래 김&장 변호사들의 업무 강도는 정상적이지 않았다. 우리가 신입 변호사였던 시절에는 엄청난 일을 주면서 터무니없이 짧은 납기를 주는 선배들을 욕하곤 했다.

1979년생 필자 중 한 명이 처음 기자 생활을 시작했을 때도 마찬가지였다. 더 오래전이니 앞서 변호사 업계의 사례와 비교해 심하면 더 심했지 덜 하진 않았다. 기자들은 처음 입사하면 6개월간의 수습 기간 동안 '하리꼬미'라는 걸 한다. 경찰서에서 먹고 자며 기자로서 필요한 역량을 기르는 과정이라고 당시엔 설명했다.

그런데 이 과정이 너무 고되고 힘들다. 낮 시간엔 선배가 시킨 일을 해야 하고, 야간엔 보통 4~5개의 경찰서를 돌며 사건사고를 챙겨 새벽에 보고한다. 그렇다 보니 수면시간이 하루 두어 시간밖에 안 된다. 일주일에 한 번 집에 가면 밀린 잠을 자느라 여가 생활은 꿈도 못 꾼다. 그렇게 수습기간 6개월을 버텨야 '정식' 기자가 된다.

한번은 1~3차로 차수를 변경해가며 폭탄주를 마셨다. 술이 약한 필자는 토하고 다시 먹고를 반복하는 일이 다반사였다. 그러다 하루는 너무 심하게 토한 나머지 눈에 실핏줄이 터져 며칠간 고생한 적도 있다. 마치 주량이 기자의 능력 중 하나처럼 여겨지던 때가 있었다.

지금은 물론 이런 관행이 모두 사라졌다. 지나고 보면 이런 문화와 교육 방식에 왜 일찌감치 문제를 제기하지 않았을까 의문이다.

하지만 당시엔 이를 당연하다고 생각했고, 심각하게 공론화되지도 않았다. 더러는 개인적으로 문제를 제기하고 사표를 내는 사람은 있었지만, 제도적인 해결책은 나오지 않았다.

드디어 비정상을 비정상이라고 할 수 있는 세대가 등장한 것이라면 환영할 일이다. 야근과 회식은 전혀 당연한 것이 아님에도, 다들 속으로만 욕을 하며 하기 싫은 야근과 회식을 하는 문화가 정상적이지는 않기 때문이다. 그럼에도 불쑥불쑥 '라떼는 말이야'란 말이 떠오르는 것은 낀대의 숙명일 수밖에 없다.

다 알아서 힘든 낀대

낀대의 조직생활을 잘 보여주는 캐릭터를 단 하나만 꼽으라면 〈좋좋소〉의 이과장을 꼽겠다. 〈좋좋소〉는 신입사원이 중소기업에 면접을 보고 입사하면서 일어나는 에피소드를 다룬 웹드라마다. 이과장은 당장 망해도 전혀 이상할 것이 없는 엉망진창으로 돌아가는 중소기업에서 불가사의하게 장기근속하며 회사의 전반적인 살림을 도맡아 하는 중간관리직 캐릭터다.

이과장은 비합리적인 사장의 지시에 합리적인 불만을 지닌 부하직원들을 어르고 달래 회사를 어떻게든 끌고 나간다. 이과장이 사회성이 부족한 신입사원과 전형적인 꼰대 사장 사이에서 전방위적으로 고생하는 것을 보면, 신입사원이 일을 잘 못하거나 적게 해서 고생한다는 불만은 상대적으로 여유 있고 고상하게 느껴진다.

이과장이 너무나 힘들어 보이는 것은 이과장이 20대 직원의 요구가 합리적이라는 것을 알고, 동시에 꼰대 사장도 알고 보면 거래처의 '을'에 불과한 불쌍한 사람이라는 것을 알기 때문이다. 회사 창립 이후 처음으로 근로계약서를 써달라는 신입사원과 인건비를 줄여야 하는 사장 사이에서 이과장은 채용공고보다 열악한 조건의 근로계약서를 쓴다.

이과장은 조직의 부조리를 아는 것 이상으로, 조직의 부조리가 바뀌지 않을 것이라는 것을 안다. 체념한 것이다. 조직의 현실을 바꾸려고 노력하기보다는 불합리한 조직에서 정신줄을 놓지 않으려고 노력하는 신입사원을 달래는 편을 택한다.

사장은 이과장의 노고를 전혀 알아주지 않는다. 그럼에도 이과장이 엉망진창인 회사를 계속 다니는 것은 결국 가족을 위해서다. 어쩌면 모든 세대는 정도의 차이가 있을 뿐 돈과 가족 때문에 조직의 논리를 체화하는 과정을 거쳤을지 모른다.

세련된 젊은 꼰대

2019년 영국의 BBC는 'Kkondae(꼰대)'를 소개하면서 "자신이 항상 옳다고 믿거나 다른 사람은 늘 잘못됐다고 여기는 나이 많은 사람"이라고 설명했다. 남의 말을 안 듣고 자신의 생각을 타인에게 강요하는 것을 꼰대의 특성이라고 할 수 있다. 교육 수준이 높고 문화적인 취향도 세련된 낀대와 꼰대는 언뜻 잘 어울리지 않는다.

낀대는 개인적인 영역, 특히 문화를 향유함에 있어 개성과 세련된 취향을 자랑한다. 윗세대와 달리 여가와 문화생활을 제대로 즐긴다. 20대와 크게 다르지 않은 취미, 취향을 가진 경우도 많다. 경제적 여유 등을 바탕으로 세련된 삶을 살아가거나, 철저한 자기관리로 20대보다 멋진 외모를 자랑하기도 한다.

높은 수준의 교육을 받은 낀대는 조직의 논리와 충돌하지 않는 대부분의 영역에서는 합리적인 태도를 유지하는 경우가 많다. 그렇지만 결정적인 순간에 조직의 논리를 앞세워 20대 직원들에게 비합리적인 태도를 취하면, 20대들이 보기에는 젊은 꼰대로 보일 수밖에 없다.

1986년생인 필자 중 한 사람은 정치권에서 다양한 정치인들을 만나는데, 진영논리에 매몰되어 비합리적인 언행을 일삼는 정치인도 사석에서 보면 합리적이고 온건한 경우가 적지 않다. 여야를 가리지 않고 말이다. 그렇다고 해서 그 정치인을 합리적인 정치인이라고 할 수는 없다. 결정적인 순간에 하는 판단과 언행이 정치적으로 더욱 그의 본질에 가깝기 때문이다.

세련되고 합리적인 모습을 갖고 있는 낀대가 어떨 때 꼰대로 평가받는지 살펴보자. 구인구직 사이트 '사람인'이 직장인 979명을 대상으로 2021년에 한 설문조사에서 직장인들이 꼽은 최악의 젊은 꼰대로는 '자신의 경험이 전부인 양 충고하며 가르치는 유형'(24.4%), '자유롭게 의견을 말하라고 하고 결국 본인의 답을 강요하는 유형'(18.6%), '선배가 시키면 해야 한다는 식의 상명하복을 강요하는 유형'(14.3%) 등이 꼽혔다.[3]

표현에 차이가 있지만, 결국 핵심은 상명하복을 강요하는 것이다. 직설적으로 상명하복을 강요하느냐, 의견 개진의 기회를 주고 결국 본인의 답을 강요하는 형태로 조금 더 돌려서 하느냐, 충고의 형태로 더 돌려서 하느냐의 차이가 있을 뿐이다.

합리적인 명령은 말할 것도 없고, 불합리한 명령이라도 최대한 설득하는 과정을 거친 경우에는 '상명하복을 강요'한다고 표현하지 않는다. 결국 설득의 과정조차 없이 불합리한 명령을 하는 것이 문제다. 중간관리자가 상명하복을 강요할 때는 자신의 판단인 경우도 있지만 적지 않은 경우 조직의 논리가 개입된다. 중간관리자에게 부하직원을 설득할 논리도, 설득하는 데 필요한 시간도 주어지지 않는 경우가 많다.

3 직장인 71% "회사 안에 '젊은 꼰대' 있다", 부산일보, 2021. 7. 25. 참조

결국 조직의 체계에 저항하지 못하고, 나아가 조직의 논리를 일체화한 중간관리자가 부하직원들이 납득하기 어려운 태도로 불합리한 지시를 내리면, 부하직원은 중간관리자를 '젊은 꼰대'로 인식하게 되는 것이다.

중간관리자 중에서도 세련되고 합리적인 성향을 가진 낀대 중간관리자는 자신이 꼰대라고 생각하지 못할 가능성이 높다. 그런데 위 설문조사에서 젊은 꼰대의 특징을 묻자 답변자의 52.1%(복수 응답)가 '자신은 4050 꼰대와 다르다고 생각한다'를 꼽았다. 자기가 꼰대인 것을 모른다는 것이 젊은 꼰대의 가장 큰 특징이라는 것이다. 평소 세련되고 합리적인 태도를 지녔다고 해서 젊은 꼰대가 아닌 것은 아니다. 세련된 젊은 꼰대일 수 있다.

그래도 5060을 이해하는 세대

5060세대가 보기에는 낀대가 성에 차지 않을 수 있다. 워라밸을 추구하고 윗 세대에 비해 개인주의적인 낀대는 5060이 보기에 덜 치열해 보이기도 한다. 그렇지만 낀대는 개인주의적 성향과 동시에 조직에 대한 충성심, 국가에 대한 사명감을 지닌 세대다.

낀대는 인터넷 없는 유년기, 스마트폰 없는 학창시절을 보냈고, 웹툰 이전에 만화책을 보았던 아날로그를 이해하는 마지막 세대다. 실제 엽서를 이용한 펜팔을 하고, 집 전화를 이용해 한참 뒤의 약속을 잡고, 약속 장소에서 스마트폰 없이 서로를 찾는 경험을 5060과 공유한다.

낀대는 학교와 직장에서 맺은 아날로그 인간관계를 중시하고, 그러한 인간관계 내에서 인정받고자 하는 세대다. 낀대는 가족, 여가생활도 포기할 수 없는 것일 뿐 합리적인 선에서 조직에 최선을 다한다. 5060이 느끼기에 변화의 속도가 너무 빨라서 그렇지, 가족과 여가생활도 포기하지 않는 것이 정상이다.

우리나라 조직문화에는 분명히 불합리한 면들이 많다. 갑자기 모든 것을 바꿀 수는 없다. 그러나 변화는 불가피하다. 5060이 변화를 거부한다면 5060은 꼰대가, 낀대는 젊은 꼰대가 될 수밖에 없다.

5060이 20대와 직접 소통하는 것은 쉽지 않고, 20대도 벽을 느끼기 쉽다. 낀대가 다리 역할을 하는 것이 더 적절한 경우가 적지 않을 것이다. 신입사원과 소통이 어려운 5060이라면, 먼저 낀대와 변화의 방향과 속도를 상의하는 것을 권한다.

5

X세대는 왜 문파가 됐나

70년대 낀대

586의 가스라이팅

1998학번인 필자 중 한 명이 신입생 당시 겪은 일화는 다소 우스꽝스럽다. 당시엔 학과별로 학회가 있었는데, 같은 과 학생들로 이루어진 소규모 동아리라고 보면 된다. 학회는 학과 학생회와 밀접한 관련이 있었고, 각종 집회나 시위 등 학생회 활동에 보조를 맞추는 역할도 했다. 전부 그런 것은 아니었지만 총학생회 주도 행사에 동원되는 경우도 있었다.

집회를 나가면 선배들은 과거의 행적을 무용담처럼 늘어놨다. 그중 가장 인상적이었던 것은 맥도날드 반대 시위였다. 학교 앞에 맥도날드가 생기는데 학생들이 몰려가 '미제 자본 물러가라'며 집회를 했다고 한다. 고등학교 때 지방 중소도시에 살면서도 맥도날드에서 친구들과 종종 모였던 필자 입장에선 당황스럽기 짝이 없었다. 맥도날드가 미국 회사라서 반대한다고?

그 후에도 이해할 수 없는 일들은 많았다. 총학생회 주도로 '군사독재 타도' 느낌의 대자보를 써 붙이고, 대규모 집회를 열며, 해가 지면 촛불을 들고 '아침 이슬'을 떼창했다. 처음 한두 번은 재밌었다. 뭔가 하나로 단결되는 감정, 매트릭스의 네오가 선택한 빨간약처럼 이제야 세상의 진실을 깨닫는 것 같은 우월감 등이 느껴졌다.

그런데 그뿐이었다. 왜냐하면 당시 운동권 학생들의 주장을 크게 공감할 수 없었기 때문이다. 괴물은 이미 쓰러지고 없는데, 애먼 풍차를 붙잡고 시비 거는 돈키호테와 같았다. 각종 동아리 등의 모임에선 세미나란 명목으로 함께 공부하는 모임도 있었는데, 체계적인 학문적 연구 성과들을 공유하기보다는 관습적으로 내려온 선배들의 세계관을 주입받는 기분도 들었다. 마치 학생운동이 한창이었던 1980년대를 향수하는 것 같았다. 지나고 보니 80년대 학번의 민주화운동 업적을 원작자에서 또 다음 세대로 구전을 통해 들으며 '가스라이팅'당한 것이란 생각이 든다. 원래 지난날의 업적이란 부풀려지기 마련이다. 이제 갓 고등학교를 졸업하고 성인이 된 신입생들에게 영화 같은 학생운동 스토리는 얼마나 큰 동경의 대상이었겠는가.

따지고 보자. X세대는 각종 사교육으로 청소년기가 점철된 최초의 세대다. 이전 세대에서 금지됐던 사교육 금지 조치가 해제됐고, 높은 경제성장으로 가처분소득이 늘었으며, 자녀 수 또한 급격히 줄어 각 개인에게 투자된 사교육비는 급증했다. 각자의 개성을 강조하면서도 학교와 학원, 집을 오갔다. 모아놓고 보면 이전 세대인 586에 비해 더욱 모범생이다.

여기에 더해 서태지로 대표되는 팬덤 문화까지 경험했으니, 이성보단 감성이 앞설 때가 많았다. 그렇기에 선배들의 들려주는 학생운동의 서사는 마치 영화 〈1987〉을 보는 것과 같은 감동을 다가왔을 것이다.

하지만 냉정하게 당시의 현실을 따져보자. 1990년대 중반은 최초의 문민정부인 김영삼 정부가 출범했고, 학생운동을 이끌었던 전대협은 이미 해체됐다. 그 후 한총련이 생겨났지만, 이들은 김영삼 정부 출범에 '비판적 지지'를 선언했다. 타도해야 할 독재정권도, 싸워야 할 괴물도 모두 사라지고 없는 것이었다.

하지만 과거의 향수에 젖어 있던 이들의 마음은 허전했다. 직접 겪지 못하고 상상만 했던 일들이 더욱 가슴에 와 닿을 때가 있다. 바로 판타지다. 거대 악이 사라진 시대에 판타지를 채울 수 있는 건 새로운 악마를 만들어내는 것뿐이다. 그러니 90년대 대학가엔 여전히 '미 제국주의', '독재' 같은 단어들이 캠퍼스를 휘감았다.

선배들이 이야기해준 경험을 토대로 586세대가 경험한 것과 비슷한, 그러나 실재하지 않는 세계관을 창조했다. 동구권의 몰락과 함께 이제는 시효가 다해버린, '민족해방'과 '민중민주'와 같은 이데올로기가 90년대 대학 신입생들을 세뇌했다. 거칠게 말하면 90년대 학생운동권은 586의 '꼬붕'과 같았다. 물론 다수는 학생운동에 큰 관심이 없었고 '민족해방'과 '민중민주'를 넘어 실용을 추구하는 학생회가 약진하기도 했다.

정치팬덤의 웅장한 서사

X세대가 처음 정치 세력으로 등장한 건 2004년 노무현 전 대통령 탄핵 때다. 스토리텔링에 민감한 X세대에게 '노무현'은 영화보다 더욱 드라마틱한 정치 서사의 주인공이었다. 청소년기 경험했던 연예인 팬덤과 같이 인간 '노무현'을 사랑하기 시작했다. 정치와 예능을 구분하기 어려워진 최초의 세대이기도 하다.

'팬덤(Fandom)'의 '팬(Fan)'은 라틴어 'Fanátĭcus'에서 유래한 말로 '광신자'란 뜻이다. 옳고 그름과 진위를 따지는 이성의 개념이 아니라 좋고 나쁨을 뜻하는 감정의 언어다. 그러므로 팬덤은 주로 연예인과 스포츠 스타 등에게 형성된다. 정치인에겐 광신적 팬덤이 아니라 비판적 지지가 필요하기 때문이다.

정치에서 팬덤이 위험한 것은 검증을 안 하기 때문이다. 보고 믿는 게 아니라, 일단 믿고 본다. 내가 좋아하는, 또는 신뢰하는 사람이 말을 하면 여과 없이 진실로 여긴다. 곧바로 날조된 거짓으로 밝혀질지라도 팬덤의 주인공을 믿고 지지하며 지켜준다. 이런 팬덤이 전국구 단위로 나타난 게 광우병 시위였다.

2008년 5~7월 전국에서 광우병 시위가 벌어졌다. 5월 2일 '미친 소 수입을 반대하는 촛불문화제'에 1만 명의 시민이 참여하면서 시위의 불이 타올랐다. 정치학계에서는 광우병 시위를 시민 운동사에서 특이한 변곡점으로 본다. 한국정치학회장을 지낸 윤성이 경희대 정치외교학과 교수는 광우병 시위의 특징을 다음과 같이 꼽았다.[4]

먼저 과거의 시위와 구분해 시위 주체가 대학생 및 586 세력이 아니다. 참여 계층이 중고생과 주부로 크게 확장됐다. 이들은 주로 온라인 커뮤니티를 매개로 했다. 주부들이 주 회원인 82Cook, 메이저리그에 관심이 큰 MLB Park, 연예, 엽기, 유머 등 글을 공유하는 10대 중심의 엽혹진 등이 대표적이다. 이런 이유로 5월 촛불시위 전체 참여자의 50~60%는 청소년이었다.

윤 교수는 광우병 시위에 동원된 기제는 이념이 아니라 감성이라고 말한다. 그는 "정치적 이슈에 대해 완벽한 정보와 지속적 관심을

---

4 『한국정치』, 윤성이, 2018, 법문사.

갖도록 요구받지 않으며 위협이 감지될 경우 관련 정보를 적극 찾고, 이들의 정치 참여는 위기상황에서 극대화한다"고 분석한다. 이때 위기상황을 인식하는 것은 "차가운 인지라기보다는 뜨거운 인지, 감정이 배어 있는 인지"라는 설명이다. 윤 교수는 특히 "감성의 정치가 이성의 정치 못지않게 중요하며, 이는 네티즌들의 정치 참여를 정치문화화 현상으로 설명하는 주장들과 일맥상통한다"고 강조한다.

이처럼 광우병 시위는 이성보다는 감성에 소구된 측면이 크다. 과학적 검증과 비판적 분석보다는 감정적인 경우가 많았다. 그리고 이때 광우병 시위에 참여했던 팬덤의 주축은 성년이 된 X세대와 중고교생이었던 90년대생이었다. 감성적 호소에 큰 반응을 보이는 X세대와 청소년들이 있는 그대로의 현실을 보지 못한 측면이 크다. 즉 음모론과 억측이 만들어내는 일부의 주장을 사실로서 받아들이는 대안 현실이 생겨난 것이다.

이때 처음 경험한 대안 현실은 이후에도 다양한 주제와 내용으로 변이돼 나타났다. 대표적인 게 천안함 폭침과 세월호 고의 침몰설이다. 각각 이명박 정부와 박근혜 정부의 자작극이라는 음모론이 널리 퍼졌다. 특히 김어준과 같은 '정치 인플루언서'들이 만들어낸 프레임은 그를 지지하는 많은 이들에게 진실처럼 받아들여졌다. 김어준은 2018년 〈그날, 바다〉라는 다큐멘터리 영화를 제작했고, 흥행에도 성공했다. 세월호에 대한 진상조사는 여러 차례 이뤄졌지만, 그때마다 늘 같은 결론이 났다.

'정치 인플루언서'들이 만들어낸 각종 음모론과 프레임은 진실을 가리는 데 이용됐다. 조국 사태 때 '증거인멸'을 '증거보존'이라고 주장하던 유시민의 논리도 이성을 마비시키고 신념이 실재를 잡아먹는 대안 현실의 대표적 사례다. 유시민은 또 조국 아들이 미국 조지워싱턴대학에서 시험을 볼 때 부모 찬스를 쓴 사실에 대해 '오픈북' 시험이었다며 논점을 흐렸다. 조국 사태 때도, 문재인 정권 말기에도 이들의 가장 강력한 지지층은 역시 X세대다.

여기서 잠깐, 광우병 시위 이후 X세대와 90년대생의 행보는 사뭇 달랐다. X세대는 여전히 스토리텔링에 민감하며 굳건한 정치팬덤을 유지한다. 하지만 실용과 공정을 중시하는 90년대생은 일찌감치 정치팬덤을 집어던졌다. 특정 정치인과 정당, 이데올로기를 무조건 지지하지 않으며, 자신의 이해관계에 따라 선택적으로 대응한다. 공정을 강조해 원칙과 룰을 어기면 가차 없이 등을 돌린다.

그러나 X세대는 다르다. 이들이 팬덤의 대상에 투여하는 애정과 지지는 과거 서태지로부터 시작된 연예인 팬덤과 비슷하다. 그렇게 이들은 문빠의 다수가 됐다. 듣고 싶은 말만 들으려는 문빠의 세계관에는 증거인멸이 증거보존이라는 억지, 주장도 먹힌다. 가해자가 자살한 성폭력 사건의 피해자는 어느새 피해호소인으로 둔갑하고, 해방 75년이 지난 2020년의 총선도 한일전이라고 부른다.

이 모든 판타지가 가능한 것은, 대중을 조작하고 선동하려는 정치가들을 맹신하는 굳건한 팬덤이 있기 때문이다. 그리고 이런 정치 팬덤의 최전선에 X세대가 있다. 문재인 대통령과 더불어민주당, 나아가 이재명 후보의 지지층엔 586세대보다 오히려 X세대가 더욱 두텁다. 앞서 살펴본 것처럼 팬덤에 익숙하고, 정치와 예능을 같은 맥락으로 바라보며, 스토리텔링에 민감한 세대적 특성이 반영돼 있기 때문이다.

문빠의 득세는 전체주의적 징후를 나타낸다. 임대차 3법 강행과 공수처법 단독 처리 등 180석 거대 여당이 된 민주당의 '입법독재'나 임미리 교수 고발처럼 표현의 자유를 옥죄려는 움직임, 선출직이 만능인 듯 3권 분립을 무너뜨리려는 각종 시도 등은 대의 민주주의를 위협하고 전체주의를 야기하는 중요한 신호들이다.

티머시 스나이더 미국 예일대 역사학과 교수는 『폭정』에서 "듣고 싶은 말을 사실로 받아들이고, 있는 그대로의 사실을 부정할 때 폭정에 굴복한다"고 했다. 그러면서 "전체주의자는 이성을 거부하고 정치가가 내세우는 신화에 열광하며 객관적 사실을 부정한다"고 지적했다. 이성과 합리가 마비된 맹목적 믿음이 전체주의를 부른다는 뜻이다.

낀대는 정치적 패싱 될까?

뒤에서 자세히 살펴보겠지만, 낀대는 한국 정치의 주류로부터 소외될 가능성이 크다. 왜 그런가? 2020년 시작된 21대 국회는 586세대가 과점했다. 전체 국회의원 중 60년대생(58%)이 압도적으로 많다. 이들이 정치에 등장한 지 벌써 20년이 지났는데, 아직도 한국 정치의 주류다. 특히 문재인 정권에선 이들이 여당과 정부, 청와대에서 입김이 가장 세다.

그렇다면 그다음 바통은 바로 아래 세대인 X세대에 넘어가는가? 그렇지 않다. 현재 정치권에 몸담은 X세대는 일단 숫자부터 많지 않다. 아울러 그들의 정치적 위상과 영향력도 미약하기 짝이 없다. 여기서 낀대가 정치적 패싱이 될 거란 말의 뜻은 X세대 정치인의 숫자가 적다는 점과 X세대 전반이 정치 세력의 주류가 되지 못할 것이란 측면도 포함한다.

낀대인 이준석 국민의힘 대표를 보자. 국회의원 경력 없는 그를 제1야당의 대표로 만들어준 것은 동년배인 X세대의 지지보다는 그 아래 세대의 압도적 지지 덕분에 가능했다. 즉, 이준석으로 대표되는 정치 세력의 주체는 X세대가 아니라 90년대생이란 이야기다. 홍준표 후보가 국민의힘 경선에서 돌풍을 일으킨 것도 이준석으로 결집한 90년대생의 에너지를 그대로 흡수한 영향이 크다.

이와 같이 X세대는 정치 영역에서만큼은 586세대에 가스라이팅당하고, 그들의 '꼬붕' 역할을 한다. 586세대가 만들어낸 세계관을 부수고 뛰어넘을 자기들만의 무언가를 만들지 못했다. 그러나 90년대생은 다르다. 이들은 공정을 기치로 586이 쌓아놓은 기득권을 정면으로 반박한다. 기업의 연공서열을 비판하며, 관행처럼 내려온 인센티브 지급 구조에 문제를 제기한다. 정치 영역에서도 팬덤보다 합리적 실용을 추구한다.

쉬운 예로 류호정 정의당 의원과 김남국 더불어민주당 의원을 비교해보자. 류 의원은 국회 한복판에서 타투 체험을 통해 관련 입법을 이슈화하거나, 화사한 원피스를 입고 나타나 국회의 격식을 깨뜨렸다. 그의 정치 행보에 대한 찬반을 떠나 자기만의 목소리로, 자신을 지지하는 계층의 입장을 대변하려고 노력한다. 기성 정치 논리로는 쉽게 이해되지 않더라도 자기만의 색깔과 주장만큼은 명확하다.

반면 김남국 의원을 보자. 2021년 9월 13일 영상 촬영된 중앙일보 좌담회에서 조국 전 장관에 대한 이야기가 나오자 자리를 박차고 나갔다. 며칠 후(16일) 자신의 페이스북에 "복잡한 심경에 스튜디오에서 갑자기 눈물이 쏟아져서 더 이상 촬영을 계속 진행할 수 없었다"라고 밝혔다. 그러면서 "좌담회 초반부터 재보궐선거 정치적 평가를 하고 계속해서 조국 사태 등에 대해서 정치적인 논쟁만을 했다. 애초 기획 취지와 전혀 달랐다"라고 해명했다.

필자는 그의 눈물이 진심이라고 믿는다. 그렇기에 더욱 문제다.

'조국 수호'에 앞장섰던 김 의원에게 조 전 장관은 누구의 표현대로 십자가에 걸린 예수와 같은 존재인 것 같다. 그렇지 않고서야 어렵게 기획된 좌담회에서 현직 국회의원의 체통까지 버리며 눈물 흘리고 뛰쳐나갈 수 있겠는가.

여기서 김남국 의원이 지향하는 정치, 그가 대의하고자 하는 유권자가 누구인지 엿볼 수 있다. 김 의원은 조국으로 상징되는 문빠를 대리하는 사람이며, 586이 만들어놓은 거대한 세계관의 중심에 있는 대표적인 X세대인 것 같다. 본인은 어떻게 생각할지 모르지만, 국회의원 배지를 달고 그가 보인 행보만 놓고 보면 이를 부정할 수 없을 것이다.

김 의원의 사례 하나만으로 낀대가 정치적으로 패싱될 것이라고 일반화하긴 어렵다. 그러나 앞 세대와 후속 세대 사이에서 자기만의 정치 어젠다를 만들어내지 못하고, 변변한 주도권 한 번 잡아보지 못한 채 지나가 버릴 것이란 전망은 매우 설득력 있다. 실제로 정치학에서 정치계급의 주류를 연구한 사례를 보면, 과거에도 4·19세대(6·3세대까지 포함)가 누려온 정치 주도권은 곧바로 586세대에 넘어갔다.

정치적 계급화

손위에 기가 센 형과 언니, 오빠, 누나가 있으면 동생들은 주눅 들기 마련이다. X세대가 딱 그런 케이스다. 586세대는 전후 세대와 비교해 조직화 능력이 압도적이다. 실제로 586세대는 학창시절 학생회, 서클 등의 조직화 경험을 바탕으로 광범위한 운동 네트워크를 만들어 사회 곳곳에 뿌리내렸다. 시민단체에서 정치권을 차례로 장악했고, 진영 논리를 위계화해 시민사회를 정치에 종속시켰다.

반면 X세대는 네트워크 능력이 586세대만 못하다. 선배들을 치고 나갈 담대함이 부족하다. 정치적으로 의식화돼 특정 정당과 인물, 이데올로기를 지지하는 강도는 세지만 정치계급으로 조직화하고 구조를 만드는 데 약하다. 마치 문화를 소비하듯, 촛불시위에 나갈 순 있지만 자기 일을 버리고 온전히 정치에 뛰어들 사람도 많지 않다. 진보적 이슈에 관심 있지만, 물질적 가치에 천착한다. 전형적인 캐비어 좌파다.

진보 사회학자인 김호기 연세대 교수는 "정치적으로 40대는 586과 대단히 유사하다, 이들이 새로운 세대교체의 주역이 되긴 쉽지 않을 것 같다"고 했다. 그러면서 "신세대로 불렸던 40대가 문화나 경제적 측면에서 다른 결의 목소리를 낼 순 있겠지만 정치적 측면에선 (586과) 함께 묶여가지 않을까 싶다"고 말했다.[5]

지금까지 드러난 여러 현상을 놓고 보건대 X세대는 정치 영역

---

5 '40대가 새로운 세대교체 주역이 되긴 쉽지 않다', 중앙일보, 2021. 6. 8.

에선 패싱당할 가능성이 클 것으로 보인다. 그렇다고 X세대가 좌절할 필요는 없다. 우리 사회를 이끄는 에너지는 정치 영역에만 있는 게 아니기 때문이다. 오히려 X세대가 가진 핵심 역량, 즉 문화적 감수성은 다른 어떤 세대보다 뛰어나다. 오늘날 한류를 이끄는 대중문화 콘텐츠의 핵심 주체는 다름 아닌 X세대다. 그런 의미에서 X세대는 제 역할을 톡톡히 하고 있다.

6

정치에선 잃어버린 세대

80년대 낀대

다를 게 없는 낀대 국회의원

낀대에 속하는 국회의원들은 여의도에서는 주로 '청년정치인'이라고 불린다. 평균 연령이 높은 정치권에서는 청년의 기준을 만 45세 이하로 삼는 것이 일반적이기 때문이다. 그런데 생물학적 연령이 상대적으로 낮다는 것을 제외하고, 청년정치인들이 특별히 다른 것이 있느냐고 물으면, 정확한 답변을 내놓기 어렵다. '별로 다른 점이 없다'라는 것이 바로 낀대 국회의원들의 모습이다.

낀대 의원들은 상대적으로 젊으니 SNS, IT기기 사용, 외국어 구사, 트렌드 포착 등에 앞설 것이라는 기대를 받는다. 그러나 최근에는 586 의원들도 페이스북, 유튜브 등의 SNS를 곧잘 이용한다. 그 외에도 개인차를 넘는 뚜렷한 차이는 보이지 않는다. 무엇보다 가장 중요한 정치 활동에서 윗세대 정치인들과 낀대 의원들이 차이를 느끼기 어렵다.

낀대 국회의원들은 대부분 각자 정당의 당론, 진영논리를 충실히 따른다. 586 정치인과 대립하기보다는 순응하고, 적극적으로 586 정치인을 옹호하는 경우도 많다. 586 정치인을 열정적으로 옹호하는 것을 자신의 정체성으로 삼아 정치에 입문하고 국회의원에 당선된 경우도 있다.

간혹 다른 목소리를 내려고 시도하는 경우도 있으나, 금세 기존 질서에 순응한다. 대표적인 사례가 소위 '초선 5적의 난'이다. 더불어민주당 2030 초선의원 5명은 2021년 4월 서울, 부산시장 재보궐 선거에서 민주당이 참패하자 조국 전 장관 사태 등에 대해 반성의 목소리를 냈다.

이들이 처음 반성과 쇄신의 목소리를 냈을 때는 많은 국민이 젊은 초선의원들이 조금이나마 다른 모습을 보여줄 것이라는 기대를 가졌다. 언론의 주목도도 매우 높았다. 그러나 당내 586 중진 정치인이 이들을 비판하고, 강성 지지자들이 이들을 '초선 5적'으로 규정하고 문자폭탄을 보내기 시작하자 초선의원 5인은 입을 꾹 닫았다. 심지어는 반성의 목소리를 낸 것을 반성한 초선의원도 있었다.

초선의원 5인을 비판한 민주당 지지자들의 주된 주장은 '자기들이 잘나서 국회의원 된 것이 아니고, 민주당 덕분에 국회의원 된 사람들이 배은망덕하다'라는 것이었다. 이러한 비판은 왜 낀대 국회의원들이 기존과 다를 수 없는지를 정확히 보여준다. 사실 낀대 국회의원은 대부분 정당에 의해 간택되어 의원이 되었다고 해도 과언이 아니다. 낀대 국회의원 중에 스스로 우리 사회에 새로운 움직임을 이끌어내거나 지지 세력을 만들어낸 사람은 찾아보기 힘들다.

특출난 개인기가 없다면, 기성 정치인의 눈에 들어야만 당선 가능한 지역에 공천을 받아 국회의원이 될 수 있는 구조다. 결국 '위에서 보기에 좋은' 사람들이 제도권 정치인이 되는 것이고, 여기에 조직 순응적인 낀대의 특성까지 겹쳐지면, 매우 순응적인 젊은 국회의원이 탄생하는 것이다.

1986년생으로 정치권에 발을 들인 필자 중 한 사람은 여의도에서 여러 낀대 국회의원들을 만난다. 이들은 개인적인 자리에서는 당 지도부 비판도 하고, 현 정치시스템의 한계와 변화 필요성을 이야기한다. 평범한 3040과 마찬가지로 각자 개성이 있고 독특한 인간적인 매력을 지닌 경우도 있다. 그러나 정작 공식적인 자리에서는 입을 열지 않거나, 되려 586 정치인의 논리를 열정적으로 되풀이하는 경우가 많다.

물론 현실적 한계를 모르는 것은 아니다. 공천권을 지닌 윗사람들에 더해 문자폭탄을 받지 않으려면 강성 지지층의 눈치까지 봐야 할 것이다. 보다 근본적으로는 앞서 살펴본 것처럼 낀대 자체가 정치의 영역에서 새로운 세대로 규정되거나 세력을 형성하지 못한 한계도 크다. 그러나 어떤 이유에서든 기존 질서에 순응해서는 새로운 정치적 에너지가 생기지 않는다. 낀대가 정치적 세대, 세력으로 규정되지 못한 것은 낀대 정치인들의 탓이기도 하다.

낀대 국회의원들이 지금처럼 조직 순응적인 모습을 보인다면 낀대는 정치에서 잃어버린 세대가 될 수밖에 없다. 국민들의 정치에 대한 만족도가 낮은 만큼 국민들은 항상 새로운 정치를 원한다. 세월이 흘러 낀대 국회의원들이 중진이 되면 그때는 각자의 소신을 발휘할지 모르나, 국민들은 기다려주지 않는다. 이미 낀대를 뛰어넘는 변화가 시작되고 있다.

디지털세대의 등장

정치권에선 'MZ세대'가 화제다. 특히 4. 7 재보궐선거에서 586세대와 구분되는 MZ세대의 표심이 확인된 이후 MZ세대가 더욱 빈번하게 거론된다. 그러나 아직까지 MZ세대는 정치의 주체가 아니라 기성 정치인들이 사로잡아야 하는 포섭의 객체 정도로만 취급되는 경우가 많다. MZ세대는 청년층을 새롭고 세련되게 표현하는 정도로 소비되고 있는 것이다.

애당초 MZ세대라는 범위 설정은 디지로그 세대인 80년대생(낀대에 속한다)과 디지털 네이티브인 90년대생의 차이를 반영하지 못한다. 실제 Z세대에 속하는 90년대생들은 MZ세대로 함께 묶이는 것에 거부감을 느낀다. 앞서 낀대 정치인들은 기존과 크게 다르지 않다고 했는데, 그럼 디지털 네이티브인 90년대 이후 세대('디지털세대'라고 한다)는 다를 것인가.

결론부터 말하자면, 디지털세대는 윗세대와 확연히 구분되는 정치적 에너지가 있다. 정치적 에너지의 근원은 결핍과 불만족이다. 민주화 세대는 독재라는 정치적 자유의 결핍 상태에 맞섰고, 민주화를 쟁취했다. 반면 디지털세대는 경제적 불평등의 심화, 기회와 희망의 상실이라는 새로운 결핍을 마주하고 있다.

1986년생으로 낀대에 속하는 필자 중 한 사람은 1995년생인 국민의힘 양준우 대변인과 부동산 정책에 관한 토론을 한 적이 있다. 필자는 문재인 정부 이후 아파트 가격이 급등해 좋은 직장에 들어간 사람도 월급을 모아서는 집을 사기가 불가능해지고, 집 문제가 해결이 안 되니 아이를 낳기도 너무 어려워졌다는 등의 비판을 했다.

이에 대해 양준우 대변인은 30대는 월급을 모아서 집을 살 수 있다는 희망이 있었기 때문에 화가 나는 것 같다고 답했다. 양 대변인에 따르면 지금의 20대는 애초에 월급을 모아서 아파트를 살 수 있다는 희망을 가진 적이 없다고 한다. 20대에게는 부모의 재력 없이 자기 스스로 노력해서 집을 사고, 결혼해서 아이를 낳고 평범한 중산층의 삶을 살 수 있다는 희망이나 기대는 애초에 없는 경우가 많다는 것이다. 양 대변인의 말을 들으며 30대와 20대의 간극이 이렇게 크다는 사실에 다시 한번 놀랐다.

물론 경제적 불평등의 심화나 기회의 축소가 하루아침에 생긴 일은 아니다. 낀대도 영향을 받는다. 그러나 낀대가 현 사회체제 안에서 열심히 하면 잘살 수 있을 것이라는 희망을 버리지 않았고, 여전히 체제 순응형 태도를 지닌다면, 디지털세대는 점점 이런 희망마저 사치라고 느끼고 있다. 디지털세대가 기존 체제에 순응하고 윗세대의 권위를 받아들일 이유가 점차 줄어들고 있는 것이다. 특히 우리 사회의 여타 분야에 비해 발전이 더디다고 평가받는 정치 분야에서 디지털세대가 기존 질서를 그대로 받아들일 이유는 없다.

디지털세대는 정치적 의사를 표출할 '능력'과 '수단'을 지니고 있다. 정치적 의사 형성의 중심은 이미 온라인으로 옮겨진 지 오래다. 이러한 경향은 코로나19로 더 심화될 것이다.

디지털세대에 한정할 것 없이 디지털, 온라인 정치는 이미 일반화되어 있다. 스마트폰 등이 일반화되면서 낀대는 물론이고 그보다 윗세대도 페이스북, 카카오톡 단톡방, 포털사이트 댓글 등을 통해 정치적 의사를 표현하고 확산하는 데 능하다.

온라인은 디지털세대의 홈그라운드다. 디지털세대의 정치 참여와 관련하여 최근 에펨코리아(펨코) 등 각종 커뮤니티 사이트가 주목받고 있다. 각 커뮤니티에서 각종 이슈에 대해 굉장히 빠른 속도의 의견수렴과 논쟁을 거쳐 여론이 형성되는 과정을 보면 신기하기까지 하다. 에펨코리아, 디시인사이드 갤러리, 클리앙, 루리웹, 엠엘비파크 등을 직접 살펴보는 것을 권한다.

물론 이러한 커뮤니티 사이트도 갑자기 생겨난 것은 아니다. 아직까지는 디지털세대가 완전히 새로운 방식의 정치적 의사소통 방식을 만들어냈다고 평가하기는 이르다. 다만 정치적 의사소통의 중심이 트위터, 페이스북 등 '표현'을 하는 매체에서 각자 의견을 교환하고 '형성'하는 커뮤니티 사이트로 옮겨가고 있는 경향성은 존재한다. 온라인에서 의견을 교환하고 논쟁하는 것에 익숙한 디지털세대가 이런 경향성을 가속화하고 있다.

디지털세대는 커뮤니티에서 형성된 정치적 의사를 외부에 표출하는 것에도 적극적이다. 각 커뮤니티에는 지지하는 정당에 당원으로 가입했다는 '당원가입인증'글이 넘쳐난다. 대선후보 토론회 등 중요한 정치적 이벤트가 있으면 어김없이 커뮤니티에 자발적인 예고가 올라오고, 이벤트가 진행되는 동안에는 실시간으로 의견이 쏟아진다. 커뮤니티 이용자들이 포털사이트 기사나 유투브에서 댓글놀이를 하는 것은 기본이고, 오프라인 이벤트에 나가기도 한다.

이처럼 온라인에서 단련된 디지털세대는 적절한 기회만 주어지면 적극적인 정치 참여를 두려워하지 않는다. 디지털세대는 돈과 조직, 스펙 등 조건의 제약 없이 실력으로 평가받을 수 있는 정치적 기회에 특히 관심이 많은데, 대표적인 사례로 국민의힘 토론배틀을 들 수 있다.

국민의힘은 2021년 6월 당대변인을 선발하는 토론배틀 '나는 국대다'를 개최했다. 토론배틀에는 총 546명이 지원했는데, 이중 20대는 235명(41.6%), 30대는 178명(31.6%)이었다. 10대 지원자도 36명(6.4%)이나 됐다. 반면 40대 이상 지원자는 97명(20.4%)에 불과했다. 토론배틀 본선에는 16명이 올랐는데, 그중 60년대생은 1명에 불과했다. 80년대생은 6명, 90년대생 7명, 2000년대생 2명이었다.

디지털세대는 이미 정치권에 등장했고, 주목을 받고 있다. 아직 여의도에서 영향력이 크다고 볼 수는 없지만, 이미 토론배틀을 통해 선발된 90년대생 대변인 2명이 국민의힘에서 활약하고 있다. 더불어민주당에서도 90년대생 최고위원이 청와대 청년비서관에 발탁되기도 했다. 정의당 류호정 의원도 최소한 기성세대 눈치는 덜 보는 것 같은 행보를 이어가고 있다.

디지털세대의 정치에 대해 평가하기에는 아직 이르다. 다만 디지털세대의 정치적 에너지가 점점 쌓이고 있고, 이러한 에너지가 분출되기 좋은 온라인으로 여론형성의 중심이 옮겨가고 있다는 점은 주목할 필요가 있다. 디지털 네이티브인 이들이 온라인에서 자발적으로 실시간 치열하게 수평적으로 소통하며 새로운 흐름을 만들어낼 것인지 기대가 된다.

이준석과 낀대의 생존법

앞서 낀대 정치인을 논하면서 왜 이준석을 언급하지 않는지 의아한 분들도 있을 것이다. 결론부터 말하면 1985년생 이준석은 낀대가 맞긴 하지만, 낀대 정치인은 아니다. 앞장에서 잠시 언급한 것처럼 그가 대의하는 정치 집단은 지금의 20대, 즉 디지털세대이기 때문이다. 과장을 조금 보태자면 정치적 영역에선 X세대의 포문을 연 서태지와 같은 존재라고나 할까.

이준석은 디지털세대의 특성을 많이 갖고 있다. 방법론적으로 SNS, 커뮤니티 등을 자유자재로 활용하는 것은 기본이고, 온라인에서 논쟁을 일으키고 지지를 형성하는 것을 매우 편하게 여긴다. 디지털세대의 '공정' 담론을 빠르게 캐치해서 젠더 갈등, 실력주의 등의 이슈를 자신의 것으로 만들기도 했다. 조직과 돈을 이용한 기존의 정치방식에 순응하지 않고, 기성 정치인들의 말도 그다지 잘 듣는 것 같아 보이지 않는다.

이준석은 본인이 속한 동년배의 낀대들보다는 디지털세대를 대표하는 정치인이다. X세대 트렌드가 70년대 중반에 태어난 이들부터 본격화되었지만, 방송·연예·문화 등에 민감한 1970년 초반생들이 X세대의 포문을 연 것과 유사하다. 그렇기 때문에 이준석과 비슷한 또래의 정치인에게 그와 같은 역할을 기대하긴 어렵다.

디지털세대의 정치는 새롭고, 빠르고, 다양할 것으로 예상된다. 온라인에서는 아주 다양한 이슈들이 빠르게 유통되기 때문이다. 낀대는 디지털세대가 표출하는 새롭고 다양한 이슈들을 기존 세대도 이해할 수 있는 형식으로 전달하는 역할에 적합하다. 디지로그 세대의 장점이 발휘될 수 있는 지점이다.

정치는 변하지만, 변화의 속도가 항상 빠를 수는 없다. 정치가 너무 빠르게 변하면 결국 법과 제도가 안정될 수 없기 때문이다. 새로운 것이 항상 옳은 것도 아니다. 앞서 살펴봤지만, 낀대는 정치의 영역에서 스스로 큰 변화를 만들어내기는 어렵다고 생각한다. 낀대가 미래가 아니라 과거를 바라본다면 뜻을 펼쳐보기도 전에 정리되어야 할 구태로 평가될 수도 있다. 그러나 최선을 다해 미래로 나아간다면 최소한 변화를 위한 든든한 다리 역할은 할 수 있을 것이다.

2부

20대의 공정 50대의 정의

1

양반과 비슷한 586 기득권

70년대 낀대

조선의 양반과 586

문재인 정권을 돌아보면 맘 편히 웃지 못할 사건이 여럿 있다. 대표적으로 조국 전 법무부 장관을 바라보는 586 집권 세력의 시각이다. 황희석 당시 열린민주당[1] 최고위원은 2020년 3월 조국 전 장관을 조광조에 비유했다. 그러면서 당시 조 전 장관 수사에 앞장섰던 윤석열 검찰총장을 외척 세력의 거두인 윤원형에 비유했다.

성이 조씨라서 조 전 장관을 조광조에 비유한 건지는 모르겠

1 더불어민주당의 비례위성정당

으나 조광조의 후손인 한양 조씨 대종회는 즉각 망언을 사죄하라며 비판 성명을 냈다. 황희 최고위원은 그럴듯한 명분이라고 생각해 조 전 장관을 조광조에 빗댔을지 모르지만 황당하다는 생각이 먼저 들었다. 물론 조광조 비유는 언론에 대서특필 됐고, 한동안 조 전 장관을 조롱하는 이야깃거리가 됐다.

이 논란이 조금 가라앉자 얼마 후 황희석 최고위원은 또다시 조 전 장관을 조식에 비유했다. 조식은 조선 중기를 대표하는 학자다. 당시 유학계에선 조식을 퇴계 이황 못지않은 대학자로 추앙했다. 앞서 조광조만큼은 아니었으나 조식 비유 해프닝도 여러 논란을 낳았다. 이번에도 조식의 직계후손이 나서 조국은 자신들과 전혀 관계없다고 반박했다. 그러면서 황희석 최고위원이 두 사람을 억지로 연결하는 것 자체가 모독이라고 불쾌해했다.

황희석 최고위원은 도대체 무슨 생각으로 조 전 장관을 차례로 조광조와 조식에 비유했을까. 조 전 장관을 코미디화할 의도가 아니었다면, 도저히 이런 짓을 왜 했는지 이해하기 어렵다. 일반인의 상식으로는 이해하기 어려운 말들을 반복하는 건 무슨 이유가 있어서일 텐데, 문제의 발언 이후로 대중을 설득할 만한 그럴듯한 이유를 제시하진 않았다.

586의 조선 위인 사랑은 이뿐 아니다. 2020년 5월 이광재 당시 더불어민주당 의원 당선인은 "노무현, 문재인 대통령은 기존 질서를 해체하고 새롭게 과제를 만드는 '태종'과 같다, 이제는 '세종'의 시대가 올 때가 됐다"라고 말했다. 문재인 대통령을 건국 후 나라의 기틀을 닦은 조선의 세 번째 왕 태종에 비유한 것이다. 그런데 태종은 정몽주를 암살한 냉혈한이다. 형제와 사돈 등 집권에 방해되는 이들은 모조리 죽였다. 그런 뜻에서 문 대통령을 비유한 건 아닐 것이다.

이광재 당시 당선인은 "많은 것들이 참여정부에서 문재인 정부로 이어졌다, 이 흐름은 문재인 정부에서 끝나는 것이 아니고 강물처럼 물결이 긴 기간 이어져야 한다"고 밝혔다. 뭔가 과거의 인습을 끊고 새로운 시대를 여는 주춧돌이 될 거란 의미에서 태종을 소환한 것 같다. 이번에도 앞서 황희석 최고위원의 발언과 같이 문재인 대통령과 태종의 연관성을 찾기 어려웠다.

더욱 황당한 것은 2020년 7월 박원순 전 서울시장 사망 사건 때다. 친여 성향의 한 네티즌이 '이순신 장군도 관노官奴와 수차례 잠자리에 들었다'는 취지의 글을 올려 논란이 됐다.[2] 이순신의 후예인 덕수 이씨 종친회에서 법적 대응 등의 입장을 밝히고 나오자 이 네티즌은 오히려 "소송이 있다면 환영한다"고 맞섰다. 당시 여권은 박

2 이순신의 관노 잠자리 설은 김훈의 소설 『칼의 노래』(2001)를 통해 회자됐다. 소설에는 "나는 병신년 가을에 처음으로 여진을 품었다… 그 여자의 몸속은 따뜻하고 조붓했다"와 같은 표현이 적시돼 있다. 그러나 실증적 역사관에서는 이를 근거 없는 작가의 상상력으로 보는 경향이 우세하다.

전 시장 사건의 피해자를 피해호소인이라 부르며, 박 전 시장을 마치 깨끗하고 청렴하며 페미니즘에 앞장섰던 인물로 묘사할 때였다. 그렇다 보니 이 논란은 한때 이슈의 중심이 됐다.

앞서 예로 든 사례처럼 586이 조선 위인을 소환한 사례는 여럿 있다. 물론 과거에도 특정 정치인을 띄우기 위해 위인과의 유사성을 찾는 시도는 종종 있었다. 하지만 최근 586의 조선 위인 소환 사례는 공감을 이끌어내기보단 오히려 희화화된 측면이 큰 것 같다. 이들은 자신이 선호하는 정치인을 조선 위인과 비교하고 있지만, 필자가 보기엔 오히려 586 집권 세력과 조선 후기 양반의 모습이 상당 부분 닮아 있다고 생각한다. 즉, 586이 세상을 바라보는 세계관이 조선의 주자학과 비슷하다는 의미다.

선비, 사대부 그리고 양반

오랫동안 한국을 연구해온 일본 지식인 오구라 기조小倉 紀蔵 일본 교토대 교수는 2017년 『한국은 하나의 철학이다』라는 책에서 조선의 지배계급을 세 가지로 구분했다. 바로 선비, 사대부, 양반이다. 흔히 우리는 이들을 구분 없이 하나로 통칭해 부르지만, 그의 정의에 따르면 각자의 개념은 조금씩 다르다. 결론부터 말하자면 선비와 사대부까지는 좋은 의미로 쓰인다. 그러나 양반에 이르러서는 매우 부정적 어감이 덧칠된다. 하나씩 따져보자.

선비는 플라톤의 철학에 비유하면 철인과 같은 사람이다. 성리학에서 군자는 '수신제가 치국평천하修身齊家 治國平天下'를 할 수 있는 인물이다. 공자와 맹자로 대표되는 유가 사상은 군자가 무엇이며, 군자는 어떻게 행동해야 하는가를 규정해놓은 교과서와 같다. 이를 가장 잘 보여주는 '대학'의 한 구절을 살펴보자.

> 사물의 본질을 꿰뚫은 후에야 깨닫게 된다. 깨닫게 되면 그 뜻이 성실해진다. 성실해진 후에 마음이 바르게 된다. 마음이 바르게 된 후에 몸이 닦인다. 몸이 닦인 후에야 집안이 바르게 선다. 집안이 바르게 서야 나라가 다스려진다. 나라가 다스려진다면 비로소 천하가 태평해진다. 일개 서민부터 천자에 이르기까지 모두 몸을 닦는 것이 근본인 이유다.

처음에 도덕과 윤리의 관점에서 시작한 유가는 춘추전국시대의 혼란을 겪으며 통치철학으로 자리 잡았다. 이후 송·명나라 학자들에 의해 다듬어진 성리학은 조선에 이르러 나라의 근간이 됐다. 특히 당시 조선의 건국 세력인 신진사대부가 성리학의 애민과 역성혁명론을 철학의 기본으로 삼으며 유가는 곧 오늘날의 헌법과 같은 역할을 맡았다.

이때 선비는 곧 군자를 뜻한다. 앞서 말한 철인이다. 성리학적

인간관을 정신과 육체의 모든 측면에서 실천하는 사람이다. 부패하기 쉬운 권력과 부를 멀리하며 학문에 몰두해 도덕적 이상을 실현하려는 사람이다. 거칠게 말하면 고려 후기 정몽주와 정도전의 의기투합에서 갈등으로 이어졌던 역사의 노정에서, 정몽주가 보여줬던 원칙과 이상을 강조하는 것이 선비의 본연적인 모습이라고 볼 수 있다.

그러나 선비만으로는 어지러운 세상을 해결할 방법이 없다. 난세를 헤쳐나가기 위해선 성리학적 이상을 현실적 실천으로 이끌어내는 사람이 필요하다. 그게 바로 사대부다. 정도전처럼 성리학적 세계관을 바탕으로 현실 세계에 참여해 국가를 경영하는 관료, 그리고 이것의 이론적 원리를 제공하는 지식인이다. 조선시대에 사대부는 한 개인이 아닌 집단으로서 왕보다 더 큰 권력을 갖고 있었다. 여기서 권력의 원천은 성리학적 세계관을 지행합일로 이끌어낸다는 명분이었다. 지나친 탐욕과 부를 경계해야만 그 명분이 인정받았다.

끝으로 양반은 무엇인가. 바로 타락한 사대부다. 조선 중기 이후로 넘어가며 오블리주는 없고 노블레스만 내세우는, 백성을 수탈하고 자기 욕심만 채우려 했던 이들이다. 학문적 성취는커녕 권력과 부에만 신경 썼고, 어렵고 힘든 백성의 보혈을 쪽쪽 빨아 먹었다. 586의 세계관을 조선에 비유한 것은 이런 양반의 이미지다. 이들이 민주화운동을 할 때는 나름의 이상과 개혁 정신으로 세상을 바꿔보려 했을지 모르나, 지금은 그저 백성을 괴롭히고 사리사욕을 채우는 부패한 양반과 다르지 않다.

부동산과 주식, 코인 등 물질적 욕망을 채우는 것이 마치 큰 죄라도 된 것마냥 주장하고 단죄하려 하지만, 정작 자기 자신은 누구보다 재빠르게 자기들의 이익을 챙기려는 모습을 많이 보인다. "내가 강남 살아봐서 아는데 모두가 강남 살 필요 없다"라거나 가재, 붕어, 개구리를 이야기하며 자신의 자녀는 용으로 만들고 싶어 했던 이중적 욕망이 탐욕스러운 양반의 모습과 쏙 빼닮았다.

여기서 더욱 우려스러운 점은 선비·사대부와는 거리가 멀고 양반 같은 사고방식과 처세를 갖고 사는 586에겐 성리학이 매우 위험하다는 점이다. 왜 그런가. 앞서 '수신제가 치국평천하'라는 말처럼 성리학에선 군자만이 훌륭한 통치자가 될 수 있다. 왕의 재목을 키워 어릴 때부터 경연을 통해 성군으로 만들려 했던 것도 이 때문이다. 이를 단적으로 보여주는 표현이 바로 군사부일체君師父一體다. 왕은 단순한 최고 권력자가 아니라 도덕과 윤리적 가치의 기준이 되는 어버이다.

이것이 무엇을 의미하느냐. 조선은 정교일치 사회였다는 뜻이다. 왕과 제사장의 권력이 나뉘어 있던 서구와 달리 동아시아는 정치과 종교 권력이 오랫동안 하나로 묶여 있었다. 소중화 사상으로 중국보다 더 유교적인 관습과 문화를 내세웠던 조선은 이런 관념이 더욱 강했다. 실제로 조선 사회에서는 성리학을 유교라고 불렀던 것처럼, 성리학은 단순한 통치철학이 아니라 일상을 관장하는 종교의 역할도 했다. 관혼상제와 같은 게 대표적이다.

성리학, 즉 유교가 종교 역할까지 하게 된 것은 억불 정책과 관련이 깊다. 알다시피 고려의 국교는 불교였다. 왕가에서 민간에 이르기까지 불교가 널리 퍼져 있었고 오늘날에도 많은 유적들이 남아 있다. 하지만 사대부들에게 조선은 부패한 고려를 딛고 일어서는 새로운 유토피아였다. 그렇기 때문에 국교인 불교를 억압할 수밖에 없었다. 물론 백성들의 민간 신앙까지 모두 뿌리 뽑을 순 없었지만, 유교는 어느새 조선의 명실상부한 국교가 돼버렸다.

어찌 보면 정치 리더를 신성시하고 종교적인 팬덤의 양상을 보이는 것은 이와 같은 유교적 세계관에 빠져 있기 때문일지 모른다. 조선에서 가뭄이 계속되면 왕이 기우제를 지내듯, 최고 권력자는 가장 높은 제사장의 역할을 했다. 21세기 현대 사회에서도 최고 권력자에게 그런 역할을 기대하는 것일지 모른다. 일찌감치 정치과 종교가 분리된 서구 사회의 눈으론 이해하기 힘든 광경이다.

운동권의 유교 DNA

2018년 함재봉 전 아산정책연구원장은 한국경제신문과의 인터뷰에서 "한국의 좌파는 유교적 이념과 민족주의가 강하게 뒷받침하고 있는 그룹"이라고 말했다. 그는 특히 "시장과 돈을 천시하고 근검절약을 미덕으로 여기며, 가난하지만 평등하게 서로 나누는 작은 공동체를 좋아하는 건 주자학적 이상을 내재화하고 있기 때문"이라고 말했다."[3]

이번 장에서 가장 하고 싶은 말이다. 그의 설명대로 586 집권세력은 민족주의적 성향과 유교적 습성이 깊이 박혀 있다. 다만 동의할 수 없는 것은 이들이 시장과 돈을 천시한다는 점이다. 586 집권 세력이 부동산 투기로 수십억씩 이익을 챙긴 사실은 모두가 다 안다. 물욕에도 밝아 정치와 시민운동을 비즈니스로 여기는 이들도 다수다.

586 집권세력은 유교를 교조적 이념으로서 받아들였다. 80년대 운동권을 경험했던 사람들은 당시 학생회가 겉으론 평등해 보이지만 내부에선 군신관계와 같은 엄격한 권력 질서를 형성하고 있었다는 점을 기억한다. 아울러 여성과 소수자 인권 등의 이슈는 '반미', '통일' 같은 대의에 밀려 뒷전이 되기 일쑤였다.

고 박원순 전 서울시장 사건 때 피해자의 목소리가 무시되고, 586 집권세력이 그의 업적을 미화하며 2차 가해를 벌인 사실을 되새

---

3 '586과 박정희 세대 갈등… 한국 사회 시스템에 대한 합의 필요', 한국경제, 2018. 3. 25.

겨 보자. 피해자를 피해호소인이라 부르고, 미투에 목청 높이던 여성 정치인들은 입을 다물기 바빴다. 주무부처인 여성가족부는 적시에 입장을 내놓지 않아 '여당가족부'라는 비판도 받았다.

문재인 대통령 역시 침묵했다. 페미니즘에 우호적인 대통령이라고 알려진 것과 달리 그의 입은 굳게 다물어져 있었다. 한때 여당의 2중대 소리까지 듣던 정의당마저 "피해자는 용기 내 고발했으나 또다시 위력과의 싸움을 마주하고 있다. 2차 가해가 난무한 상황에서 대통령은 누구 곁에 설 것인지 명확히 입장을 낼 것을 촉구한다. 외면과 회피는 대통령의 책임 있는 모습이 결코 아니다"고 비판했다.

CNN 방송도 이를 비판한 바 있다. 한국인 기자가 쓴 기사에서 "한국 대통령은 스스로 페미니스트라고 말했다, 그의 세 정치적 동반자들은 성범죄로 고발됐다"라며 "문 대통령이 박 시장의 죽음과 피해자, 심지어 좀 더 넓은 의미의 젠더 이슈에 대해서도 언급조차 하지 않고 있다, 세 명의 유력 정치인 고발 사건에 모두 침묵을 지키고 있다"라고 보도했다.[4]

성범죄뿐 아니라 보편적 인권 차원에서 문재인 정부에 우려를 표하는 국제사회의 목소리는 심각하다. 유엔 최고인권대표사무소

4 CNN. 2020. 8. 16.

OHCHR는 2021년 4월까지 지난 10년간 총 35차례 인권 문제 관련 서한을 한국에 발송했다. 이중 절반이 넘는 18건이 문재인 정부(2017년 5월 이후)에서 이뤄졌다. 이명박 정부(2011년 1월 ~ 2013년 2월) 5건, 박근혜 정부(2013년 3월 ~ 2017년 4월) 12건보다 많다.

특히 2020년 서해에서 발생한 공무원 피살 사건은 OHCHR가 한국 정부의 조치에 우려를 표하는 혐의 서한Allegation Letter·AL까지 보냈다. OHCHR가 제기한 이슈는 국제사회에서 심각한 인권 침해로 여겨진다. 2020년 한 해에만 6건의 서한을 받았는데, 1월 탈북 선원 2명 강제 북송, 9월 통일부의 북한인권단체 사무검사 등이 포함돼 있다.

보편적 인권을 강조한다면서 자신들에게 불리한 상황에 놓이면 인권을 경시하는 위선적 의식은 우리 편은 잘못해도 감싸준다는 내로남불로 나타난다. 문 대통령과 586 집권 세력이 목 놓아 부르짖었던 정의는 결국 모두에게 공평한 공정으로서의 정의가 아니라 우리 사람이 먼저인 이해득실이었던 셈이다.

그리고 이런 왜곡된 정의관은 이들이 한때 민주화를 위해 물불을 가리지 않았던 1980년대에 형성된 것이라고 본다. 젊은 시절의 강렬했던 경험이 기성세대가 된 현재의 의식까지 지배하고 있는 것이다.

본인 스스로를 한때 민주노동당 당원이라고 밝힌 중앙대 박사과정의 나연준 씨는 한 언론 인터뷰에서 "(586세대는) 자신이 경험한 군사정권을 가해자로, 이를 다시 근현대사 전체로 확대해버렸다"라며 "친일, 독재, 기업은 항상 가해자이고 항일, 민주화, 노동은 언제나 피해자라는 이분법적 역사관 위에 자신을 피해자로 정체화했다"고 지적한다. 그러면서 "피해자의 한풀이를 자신의 역사적 소명으로 삼았는데 이것이 586의 기본적 세계관"이라고 말한다.[5]

그의 말처럼 1980년대에는 절대 악이 존재했다. 군사독재와 싸우는 운동권은 마치 영화 〈어벤져스〉의 히어로처럼 정의의 화신이 된 것마냥 느껴졌다. 선과 악의 건곤일척 싸움이었으며, 총칼을 앞세운 공권력에 대항할 수 있는 건 이상의 연대였다. 이를 실현하기 위해 자의적으로, 또는 부득이하게 운동권 지도부는 586세대의 '선민의식'을 운동에 참여했던 학생들에게 세뇌했다.

문재인 정권이 초기부터 적폐 청산을 내세운 이유도 이와 다르지 않다. 일본과 문제가 생길 때마다 반일이 아니면 모두 친일로 몰아세운 것도 이해된다. 2020년 의사 파업을 앞두고 문재인 대통령이 의사와 간호사를 갈라치기하는 듯 말을 한 것도 수긍이 간다. 세상을 선과 악, 흑과 백 둘로 나누고 우리 편은 좋은 사람, 남의 편

---

5 '선악이분법·피해의식에 사로잡힌 사이비 교주, 탐욕 가득한 제사장', 신동아, 2019. 11. 24.

은 나쁜 사람으로 매도하는 것 그 이상도 이하도 아니다. 문 대통령의 표현을 조금 각색하자면 586 세계관의 핵심은 "우리 사람이 먼저다"이다.

2

586의 네트워크 위계

70년대 낀대

정치와 시민사회 기생하는 민주건달

진보 지식인계의 원로인 홍세화 선생은 현재의 586 집권 세력을 향해 '민주건달'이라고 표현했다. "제대로 공부한 것도 아니고 실제로 돈 버는 게 얼마나 어려운지도 모르기 때문"이다. 이들은 오직 연줄로 똘똘 뭉쳐 정치, 시민사회 전반에서 큰 영향력을 과시한다. 그들에겐 공익을 내세운 활동조차 비즈니스로 여겨진다.

그렇지 않고서야 어떻게 민주화운동 자녀에 대한 입시 혜택도 모자라, 취업, 금융 지원까지 당당하게 요구할 수 있겠는가. 건강한 상식을 가졌다면 좀처럼 두둔하기 어려운 조국, 윤미향의 패밀리 비즈니스를 감싸는 것도 그들의 세계관에선 충분히 공감할 수 있는 일이기 때문이다.

김정훈, 심나리, 김항기 등이 쓴 『386세대 유감』(2019)에 따르면 각 시대의 1인당 GDP와 비교한 청년노동의 상대적 가치는 사뭇 다르다. 60년대생이 120.3%로 가장 높고, 70년대생 108.6%, 80년대생 77.9%다. 청년 시기의 실업률은 60년대생이 3.5%로 가장 낮고, 70년대생 5.7%, 80년대생 9.2%다. 등록금 대비 졸업 후 평균소득으로 따진 대학 졸업장의 가치는 65년생이 22.3배, 75년생 19.7배, 85년생 12.3배다. 그 어떤 지표를 비교하더라도 586세대가 가장 많은 것을 가졌다.

특히 최근 집값 폭등으로 논란이 된 부동산에 있어선 586 쏠림이 훨씬 심각하다. 80년대생은 그나마 '영끌'로라도 집을 마련했지만, 90년대생에게 '내 집 마련'은 그저 남의 나라 이야기일 뿐이다. 즉, 586세대는 그 이후의 어떤 세대보다 청년 당시 임금 수준이 높았고 대학 졸업장의 가치가 컸으며, 사회초년생 당시 월급도 많이 받아 저축하기에도 용이했다. 상대적으로 집값도 쌌기 때문에 서울 아파트를 구매하는 데에도 훨씬 짧은 시간이 걸렸다.

이처럼 지금의 20대는 부모 세대와 비교해 같은 연령대를 기준으로 훨씬 힘든 청년 시절을 보내고 있다. 그러나 586의 일부는 이 모든 성과가 시대적 혜택을 입은 게 아니라 자신의 노력으로 인한 성취라고 오해하고 있다. 현 집권 세력인 586 정치인들이 대표적이다. 이들은 80년대 자신의 학생운동이 민주화를 이룩했다고 믿는다. 그 당시 거리로 함께 뛰쳐나왔던 수많은 넥타이 부대와 수십년 재야에서 활동했던 시민사회 인사들의 공로는 잊어버렸다.

운동으로서의 민주화가 끝난 뒤에도 그 당시 형성한 네트워크 능력을 발휘해 사회 곳곳에서 살아남았다. 일부는 큰 성공을 거뒀다. 대표적인 인물이 윤미향 의원이다. 참여연대 집행위원장을 지낸 김경율 경제민주주의21 대표는 "정의기억연대(정의연) 입장에선 한일 합의가 이뤄지면 안 된다고 생각할 수 있다. 먹거리가 없어지기 때문이다. 이게 한국 시민단체의 현주소다"고 말한다.

그는 특히 "정의연은 피해자를 위한 활동보다 자신들이 생각한 목표를 달성하는 데 집중했다"며 "'시민 없는 시민단체'의 전형적인 모습"이라고 비판했다. 그러면서 "정부를 감시하고 견제해야 할 시민단체가 정권을 옹호하고 권력을 얻기 위한 발판이 돼버렸다"고 지적했다.[6]

2020년 이용수 할머니의 폭로로 촉발된 윤미향 의원과 정의연 사태에 대해서는 "회계비리 및 횡령 의혹 사건으로 간단히 도려내면 될 일이었다"며 "조국 사태처럼 '우리 편이면 무슨 잘못도 눈

6 '586세대 성공 루트 된 시민단체', 중앙일보, 2020. 5. 26.

감아주는' 586세대의 진영 논리가 시민운동의 본질을 훼손했다"고 말했다. 그는 특히 "학생운동 당시 형성된 '연대' 문화가 진영 논리로 승화했다. 다른 세대는 이해 못 할 일들을 386세대는 당연히 여긴다"고 했다.

앞서 언급한 586의 내로남불 세계관은 윤미향 의원 때도 마찬가지였다. 586세대 정치인들이 회계비리, 입시부정 같은 명백한 잘못이 드러나도 서로를 감싸고, 성추행 사건에도 여성단체가 침묵하는 일이 벌어진다. 기본 상식으로는 도저히 이해할 수 없는 일들이 버젓이 벌어지는 이유는 무엇일까. 그것도 민주화운동에 앞장섰다는 이들에게서 말이다.

이철승 서강대 사회학과 교수는 이런 현상을 '네트워크 위계' 이론으로 분석한다. "386세대는 학연·지연·혈연의 네트워크를 가로지르는 '연대'의 원리를 터득해 시민사회와 국가를 점유하고 위계 구조의 상층을 '과잉 점유'했다"라는 것이다.[7]

80년대 운동으로서의 민주화가 끝난 이후 586세대는 시민사회의 주축으로 성장했다. 학생회, 서클 등의 조직화 경험을 바탕으로 광범위한 운동 네트워크를 만들어 풀뿌리 단체들을 섭렵했다. 이철승 교수는 "소련 붕괴 후 대중운동으로 개종한 지식인들에 의해

7 『불평등의 세대』, 이철승, 문학과지성사, 2019.

시민단체가 주로 설립되고 운영됐다"며 "진보 성향이 압도적이며 수백 개의 분화된 이슈와 분야를 넘나드는 연대로 정치권에 압력을 행사했다"고 설명한다.

시민단체를 이끌었던 586 리더들은 민주화운동이 됐든 다른 연줄이 됐든 함께 연대했던 정치·기업인 등과 서로 얽혀 있다. 이들은 모두 산업화 세대가 퇴진하고 신자유주의 질서로 사회가 재편되는 과정에서 일찌감치 리더 자리에 올랐다. 실제로 21대 국회는 60년대생(58%)이 가장 많고 100대 기업 이사진(2017)도 60년대생(72.2%)이 압도적이다. 참여연대 출신의 김기식, 김상조, 장하성처럼 시민단체 인사 다수는 현 정권의 요직에 올랐다. 윤미향 의원도 마찬가지다.

시민운동은 원래 권력을 견제하고 비판해야 하는데, 이들이 모두 권력의 핵심부로 진출하다 보니 결국 정치에 종속되고 만다. 정부·시장·시민사회 3자 간의 '견제와 균형check & balance'이 있어야만 민주주의가 건강하게 유지될 수 있지만, 이런 삼각 구도 자체를 시민단체 엘리트들이 모두 깨버렸다.

결국 그들이 과거에 보여줬던 시민운동가로서의 업적도 나중의 정치를 위한 것 아니었냐는 의심까지 낳게 한다. 시민사회에서 보여준 이전의 성과들이 분명히 존재하지만, 권력의 상층부에 기생하는 모습을 보여주면서 애초의 순수한 시민운동 정신까지 퇴색된 모습이다. 결국 이들이 행했던 민주화운동의 순수성마저 빛이 바래지고 있다.

민주주의를 모르는 민주화운동권

80년대 민주화운동을 이끌었던 586 집권 세력에 대해 드는 가장 큰 의문 중 하나는 이들이 과연 민주주의를 제대로 알고 있긴 한 걸까 하는 것이다. 사실 여당의 핵심인 586은 평생해온 일이 운동과 정치 사이인 경우가 많다. 학생회장 출신 이인영, 임종석 등은 90년대 초중반까지 사회운동 언저리에 있다가 90년대 말 김대중 전 대통령에게 발탁된 후 '운동권' 타이틀로 30대에 국회의원 배지를 달았다. 자연스레 운동과 정치는 이들에게 밥줄이 됐다. '주사파 대부'로 불리는 『강철서신』의 저자 김영환도 2020년 9월 한 강연에서 "(586 정치인은) 이념엔 관심 없고 생계와 권력지향에만 관심 있다"고 비판했다.[8]

따지고 보면 이들이 학창시절에 민주화를 외친 건 맞지만, 그게 진짜 민주주의를 위한 것이었는지는 의문이다. 즉, 제대로 민주주의를 배워보고 실천해본 적이 없다는 이야기다. 솔직히 말해 80

---

8 '조국, 불분명한 운동권… 시위 때 얼굴 한 번도 못 봤다', 서울신문, 2020. 9. 9.

년대 '운동' 목표는 독재타도와 반미자주였지, 이 땅에 민주주의를 뿌리내리는 것과 조금 거리가 있었다. 오히려 레닌주의를 추종하면서 당시의 정치체제를 타도해야 할 부르주아 민주주의로 인식하는 경향이 강했다.

운동권의 계보를 잠시 살펴보면 크게 NL과 PD 둘로 나뉜다. NL은 민족해방National Liberation을 뜻하며 외세의 영향을 받지 않는 민족자결권을 강조한다. 자연스럽게 북한을 추종하고 미국을 반대하는 방향으로 갔다. 이들은 한국 사회의 갈등과 모순이 분단에서 비롯됐다고 해석했다. 민족과 통일 문제에 중점을 뒀다. 당시 NL의 다수는 북한의 주체사상을 신봉해 '주사파'로도 불렸다.

이와 달리 PD는 민중민주People's Democracy의 약자다. 이들은 한국이 겪고 있는 갈등의 본질적 원인이 자본주의 체제 아래서의 노동과 자본의 계급 구조라고 봤다. NL에 비해 일반적인 사회주의 이론에 가깝고, 북한 정권에 대해서도 일정 부분 거리를 뒀다. 노동운동을 기반으로 대중적 진보정치를 펴온 심상정 정의당 의원과 고 노회찬 의원 등이 대표적 인물이다.

여기서 NL 이론가이자 조국통일범민족연합(범민련) 사무처장을 지낸 민경우의 증언을 들어보자. "1985, 1986년 학생운동권은 레닌주의로 통일됐다, 레닌주의에 따라 학생운동은 시간이 갈수록 과격해졌다. 반면 한국민족민주전선이 대중의 지지와 공감을 받을 구호와 전술을 강조하면서 학생운동이 6월의 거리에서 결정적 역할을 하게 됐다."[9]

이 말대로면 당시 운동권은 우리가 알고 있는 민주주의의 거장, 로크와 토크빌 등을 학습하고 민주화운동을 하기보다 레닌주의를 교리 삼아 북한을 추종한 경우가 더 많았다. 그러다 운 좋게 시대를 잘 만나 중산층 시민과 야당 정치인, 재야 민주인사 등의 지원을 받으면서 스포트라이트를 크게 받았을 뿐이다. 심하게 말하면 얻어걸린 것이라 해도 과언이 아니다.

실제로 1987년 민주화 이후 학생운동의 행보를 보면 이런 주장에 더욱 신뢰가 간다. 노태우 정권 출범 후 학생운동권은 교조적 이념이 더욱 심화되고 NL 이론이 대세를 이루기 시작했다. 그러면서 PD가 상대적 영향력을 잃었고, 시간이 갈수록 대중과 유리됐다. 자유민주주의 질서와 어긋나는 주장을 펼치면서 국민 다수의 지지로부터 멀어져 간 것이다. 그러던 중 구소련 붕괴 후 갈 곳 잃은 운동권은 말로는 여전히 혁명을 외치면서 몸은 부르주아의 삶을 향유하는 '내로남불'이 됐다.

9 '북한 추종 없었다는 이인영 장관 주장 못 믿는 까닭', 신동아, 2021. 4. 1.

3

20대 남성의 보수정당 지지?

70년대 낀대

20대 남성이 보수라고?

청춘에겐 정치적 코호트Cohort가 존재한다. 20대의 경험으로 각인된 정치 성향은 쉽게 변하지 않는다. 젊은 시절 산업화를 겪은 60대 이상이 보수정당을 지지하고, 학창 시절 민주화를 경험한 40~50대가 진보정당을 지지하는 이유다. 그렇다면 지금의 20대는 어떤 정치적 코호트를 가질까.

2021년 서울과 부산시장 선거 결과를 놓고 '20대 신 보수의 등장'을 이야기하는 사람들이 많다. 엄밀히 말하면 '이남자(20대 남성)의 보수정당 지지'다. 그러나 이남자의 보수정당 지지는 이미 2020

년 총선에서부터 시작됐다. 이 선거에선 여당이 압승했고, 미래통합당(현 국민의힘)은 오직 60대 이상에서만 우위를 보였다. 하지만 연령대별 득표율에서 특이한 점이 목격된다. 바로 이대남의 표심이 달라졌다는 것이다.

방송사 출구조사 결과를 보면 전체 남성 중 60대 미만에서 통합당 득표율이 제일 높은 것은 20대(41%)였다. 인접한 30대(33%), 40대(27%)와 대조적이다.[10] 반면 20대 여성의 통합당 득표율은 25%에 불과했다. 이들은 더불어민주당에 다수표(64%)를 던졌다. 같은 연령대에서 성별 격차의 차이가 이렇게 큰 것은 20대가 유일하다.

보통 '같은 시기에 태어나 비슷한 역사적 사건들을 경험한 동질적 세대'라는 코호트의 정의처럼 동 연령대의 정치 성향은 대체로 비슷한 것이 일반적이다. 60대 이상의 장년층이 산업화 세대로서 보수 성향을 띠고, 민주화 세대인 50대가 진보 성향을 띠는 것처럼 말이다. 각 세대 안에서 남녀의 차이가 조금씩 있을 순 있지만 이렇게 상반된 적은 없었다.

물론 모든 세대에 특정 정치성향이 정해져 있는 것은 아니다. 특히 20대의 경우는 일반적으로 진보적 성향을 띤다. 전체 연령 중 가장 활기차며 제일 새로운 생각을 가진 세대이기 때문이다. 그 결

10 '진보 압승 와중에 이남자는 보수정당 지지', 중앙일보, 2020. 4. 28.

과 지난 역사 속에서 일반적으로 20대 남성은 진보 성향을 보여왔다. 4.19 혁명과 6월 항쟁 등 민주화운동의 적극적 주체였고, 2002년 노무현 당선 및 열린우리당 창당 당시 가장 든든한 우군이었다.

그러나 지난 몇 년 사이 20대 남성은 점진적으로 보수정당 지지자가 됐다. 특히 문재인 정권 출범 이후 20대 남성의 진보층 이탈 및 보수정당 지지 성향이 공고해졌다. 이번 장과 다음 장에서는 20대 남성 보수정당 지지 현상이 실제로 존재하는지, 존재한다면 어떤 추이를 보이는지 먼저 살펴볼 것이다. 아울러 20대 여성 정치 성향과의 비교를 통해 20대 남성 보수정당 지지라는 명제 자체가 성립될 수 있는지 객관적으로 따져본다.

그다음으로는 20대 남성 보수정당 지지에 영향을 끼친 변인들은 무엇인지 분석해볼 것이다. 결론부터 말하면 이대남의 보수정당 지지 현상의 핵심 원인은 젠더 갈등이다. 그러나 젠더 갈등이 생겨난 배경을 살펴보면 단순히 남성과 여성의 성적 인식 차이에 의한 것이 아니라 사회구조 차원에서 형성된 것이라는 점을 알게 될 것이다.

즉, 20대 남성이 젠더 갈등을 겪는, 좀 더 정확히 말해 '역차별' 담론에 빠지게 되는 원인은 같은 세대의 남녀 사이에 있는 게 아니다. 갈등의 핵심은 오히려 아버지 세대와 자원 획득을 둘러싼 이전투구, 아울러 변화된 성평등 제도와 달리 여전히 지체를 겪고 있는 사회의식과 문화 전반의 불일치 탓이라고 볼 수 있다.

아버지 세대의 독식

현재 20대의 아버지 세대는 586이다. 20대와 586을 비교하는 세대 담론의 공통점은 586이 기존의 다른 어떤 세대보다 더욱 많은 사회적 자원을 독점하고 있다는 점이다. 앞장에서도 그 부분을 자세히 살펴봤다. 요약하자면 586이 경제성장의 혜택을 그 누구보다 톡톡히 얻게 됐다는 이야기다.

586은 그 이후에 태어난 어떤 세대보다 청년 당시 임금 수준이 높았고 대학 졸업장의 가치가 컸으며, 사회초년생 당시 월급도 많이 받아 저축하기에도 용이했다. 상대적으로 집값도 쌌기 때문에 서울의 아파트를 구매하는 데 있어서도 훨씬 짧은 시간이 걸렸다. 행운이 가득한 세대였다고 볼 수 있다.

조귀동(2020)은 "지금의 50대인 60년대생은 한국 사회에서 학력, 소득, 직업, 자산, 사회적 네트워크 등 다중격차를 처음으로 만들어낸 세대"라며 "90년대생은 직업과 소득부터 결혼 등 사회·문화적 경험에 이르기까지 다중의 불평등을 경험한다. 여기서 불평등은 마치 공기와 같은 존재"라고 지적한다.[11]

국가가 발전하는 과정에서 각 세대가 공평하게 사회적 자원을 나누고, 동일한 성공의 기회가 보장된다면 가장 이상적일 것이다.

---

11 『세습 중산층 사회』, 조귀동, 생각의힘, 2020.

그러나 빠른 근대화의 경험 속에서 한국 사회는 세대 간 불평등이 매우 커졌고, 그 혜택의 상당 부분은 586에게 집중됐다. 그렇다 보니 그 아래 세대들, 특히 지금의 20대는 더 적은 자원을 놓고 치열하게 경쟁해야 하는 상태로 내몰렸다.

그렇다면 지금 20대가 겪는 아버지 세대와의 갈등을 무엇으로 설명할 것인가. 사회학에는 집단위협이론이라는 게 있다. 보통 외국인 노동자의 유입에 따른 국내 노동자의 위기감을 설명하는 데 많이 쓰인다. 이주노동자와의 갈등 및 차별 등의 원인은 새로운 집단의 등장으로 자신의 밥그릇이 위협받기 때문이라는 설명이다. 2016년 미국 대통령선거에서 도널드 트럼프 후보가 러스트벨트의 백인 노동자를 자극할 때 쓰인 것도 집단위협의 관점이었다.

집단위협이론의 관점에서 20대 남성은 여러 가지 복합적 위기를 겪고 있다. 먼저 20대는 아버지 세대와 달리 취득할 수 있는 사회적 자원이 매우 한정돼 있다. 과거에 비해 취업 문도 매우 좁아졌고, 이들의 소득 수준도 훨씬 낮다. 전세대출 등 나가야 할 비용은 많고 상대적으로 집값은 매우 올라 '내 집 마련'의 꿈을 갖는 것조차 언감생심이다. 즉, 노력을 통해 획득할 수 있는, 사회적 자원이 매우 적다.

반면 경쟁은 그 어느 때보다 치열하다. 대학진학률은 비교할 수 없을 만큼 높아져 모두가 과잉 스펙이고 어린 시절부터 사교육 등 치열한 경쟁 환경에 노출돼 모두가 지쳐 있다. 상황이 그렇다 보니 획득할 수 있는 보상은 적고, 경쟁자는 많아 원칙과 게임의 룰에 매우 민감하다. 20대는 공정한 기준에 특히 더 크게 집착하게 되는데 이는 이런 치열한 경쟁 상황 및 보상의 축소 현실과 큰 연관이 있다.

20대는 이처럼 과거보다 더욱 치열한 경쟁 시장에 몰려 있는 반면, 획득할 수 있는 사회적 자원은 이전보다 더욱 적어졌다. 결국 더 많은 것을 가진 아버지 세대와 이전보다 사회적 기회구조 자체가 쪼그라든 아들 세대의 갈등이 현재의 20대 정치 성향을 결정하는 주요 변수 중 하나다. 이는 또한 젠더 갈등을 가중시키는 조절변수의 역할도 하는데 그 원인을 자세히 살펴보기에 앞서 20대 남성의 보수정당 지지 현실부터 냉정히 따져보자.

20대 남성은 어떻게 보수정당 지지자가 됐나

먼저 20대 남성 보수정당 지지가 정말 실체가 있는 것인지 따져볼 필요가 있다. 언론과 정치권에서 만들어낸 허상은 아닌지 분석해보자는 뜻이다. 이를 살펴보기 위해 2013~2020년 한국갤럽의 월간 동향 데이터를 분석했다.[12] 각각 조사 당시 민주당과 정의당, 자유한국당과 바른정당(미래당)의 지지율 합으로 진보, 보수 정당의 지

12 한국갤럽의 월간 동향 분석에서 20대 남녀의 지지 정당을 매달 공개하기 시작한 것은 2013년 1월부터다.

지율을 구했다. 지지율 2% 미만인 민주평화당, 우리공화당 등은 제외했다.

[표1]과 같이 2016년 3월 20대 남성의 정치 성향은 진보(30%)가 보수(25%)보다 우위였다. 탄핵 직후인 2017년 3월은 '53% vs 8%'로 진보가 압도적이었다. 그러나 현 정부 출범 1년 후인 2018년 3월에는 '45% vs 15%'로 차이가 좁혀졌다. 1년이 지난 2019년 3월에는 '29% vs 31%'로 역전됐고, 2020년 1월(새로운보수당 포함)은 '26% vs 25%'로 팽팽했다. 그리고 2020년 총선에서 20대 남성의 41%가 통합당을 찍었다.

[표1] 20대 남성의 지지 정당 추이

연도	2016. 3	2017. 3	2018. 3	2019. 3	2020. 1	출구조사
진보	30	53	45	29	26	48
보수	25	8	15	31	25	41

이를 자세히 살펴보기 위해 조사기간 전체 남녀의 보수정당 지지율을 비교해보면 [표2]와 같다. 85개월의 조사 기간 동안 평균 지지율은 20대 남성 24.2%, 20대 여성 13.2%다. 남성의 최소·최대값은 7~39%, 여성은 3~28%다.

[표2] 20대 남녀의 보수정당 지지율

구분	개월	평균	표준편차	최소	최대
남성	85	24.2	7.6	7	39
여성	85	13.2	6.6	3	28

같은 조건 아래 20대 남녀의 진보정당 지지율을 비교해보면 [표3]과 같다. 85개월의 조사 기간 동안 평균 지지율은 20대 남성 36.1%, 20대 여성 46.8%다. 남성의 최소·최대값은 20~57%, 여성은 25~69%다.

[표3] 20대 남녀의 진보정당 지지율

구분	개월	평균	표준편차	최소	최대
남성	85	36.1	9.6	20	57
여성	85	46.8	11.3	25	69

85개월의 조사기간 동안 20대 남녀 모두 진보정당의 지지율이 높게 나타난다. 특기할 점은 20대 남성 또한 85개월 평균 지지율은 진보정당이 보수정당보다 훨씬 높게 나타난다는 점이다. 그러나 [표1]처럼 월간 추이를 분석해보면 20대 남성의 보수 정당 지지율이 문재인 정권 출범 이후로 큰 차이가 있었음을 확인할 수 있다.

20대 남성의 보수정당 지지율 추이와 당시 있었던 주요 사건을 비교 분석해보면 2013년부터 2020년까지 대부분의 기간 동안 진보정당 지지율이 보수정당 지지율보다 높다. 특히 최순실 국정농단과 박근혜 전 대통령 탄핵 사건이 있던 2016년 말과 2017년 초의 지지율 격차는 매우 크다. 촛불시위가 정점에 달했던 2016년 12월 보수정당 지지율은 7%로 역대 최저였다. 반면 진보정당은 57%로 보수정당의 6배가량 됐다.

그러나 2017년 5월 문재인 정권이 출범한 이후 보수정당의 지지율이 계속 높아지는 모습을 보인다. 진보정당 지지율도 다소 감소세를 보이지만 2018년 초 다시 반등하는 모습을 나타냈다. 당시 북한과의 화해 모드, 평창올림픽 등이 대내외적으로 긍정적 영향을 미치면서 현 여당인 진보정당의 지지율도 덩달아 상승하는 모습을 보였다.

하지만 2018년 6월 56%에 달했던 진보정당 지지율은 서서히 떨어져 그해 12월 40%로 하락한다. 2019년 3월에는 29%까지 급락하고 줄곧 낮은 지지율을 형성한다. 그러다 2020년 1월에는 26%로 현 정권 출범 이후 역대 최저의 지지율을 기록했다.

반면 진보정당 지지율의 하향 추세는 반대로 보수정당의 상승 추세로 이어졌다. 2016년 12월 최저값(7%)을 기록했던 보수정당 지지율은 서서히 반등하더니 문재인 정권이 출범한 2017년 5월 21%

로 단기간 최고치를 나타냈다. 이후 상향 추세를 보이며 2019년 3월 31%를 기록해 진보정당(29%)과 지지율이 역전하는 모습을 보였다.

같은 기간 여성은 어땠을까. 20대 남성과는 달리 20대 여성은 문재인 정권 출범 전후로 정당 지지율에 큰 차이가 없다. 오히려 20대 여성의 진보정당 지지성향은 계속 강화되고, 보수정당 지지성향은 약화됐다. 특히 최순실 국정농단과 박근혜 전 대통령의 탄핵 사건을 계기로 진보층이 급격히 늘고 보수층은 감소했다.

이는 일반적으로 같은 연령대의 정치 성향이 남녀 간 큰 차이가 나지 않는 것과 비교해 매우 특수한 경우다. 보통 정치 성향은 코호트로서 동시대에 겪은 공통의 사건과 경험이 큰 영향을 미치기 때문에 남녀 간 차이가 크지 않다. 하지만 20대의 경우 같은 코호트로 분류됨에도 불구하고 남녀 간 격차가 크다.

이와 같은 지지율의 실증적 추이를 분석해봄으로써 20대 남성 보수정당 지지는 실재하는 현실임을 알 수 있다. 이제는 그 원인이 무엇인지 분석해볼 필요가 있다. 특히 20대 남녀의 정치 성향이 정반대라는 것은 20대 남성 보수정당 지지라는 종속변수에 젠더라는 독립변수가 작용했을 것이라는 추측을 낳는다. 다음 장에서 그 부분을 자세히 살펴보겠다.

4

이대남의 분노

70년대 낀대

20대 남녀가 쪼개졌다

앞서 20대 남녀의 정치 성향 차이가 시작된 변곡점이 문재인 정권 출범이었다는 점을 알아봤다. 박근혜 전 대통령 탄핵 사건까지 진보 및 보수 정당을 지지하는 20대 남성과 여성이 격차는 크지 않았다. 잠깐의 엎치락뒤치락하는 모습도 있었지만 둘 다 비슷하게 진보정당이 다소 우위를 갖춘 형국이 유지됐다.

그러나 문재인 정권이 출범한 2017년 이후 20대 남성의 보수 정당 지지 성향은 강화됐고, 20대 여성은 더욱 진보화되는 양극단의 모습을 보인다. 도대체 무슨 일이 있었던 것일까. 어떤 사건이 20대

남녀 갈등 빅데이터 언급량

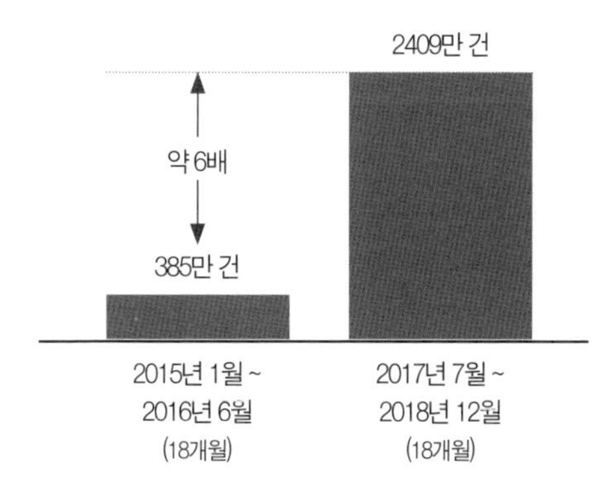

자료 : 국가미래연구원·타파크로스

남녀 정치 성향의 양극단화를 가져왔는지 빅데이터를 통해 당시 있었던 주요 사건을 파악해보자.

국가미래연구원과 타파크로스의 빅데이터 자료에 따르면 문재인 정권 출범 이후인 2017년 7월 ~ 2018년 12월 언급량이 가장 많았던 사회 이슈 톱10 중 여섯 개가 젠더 이슈였다. 전체 사회갈등 중 남녀 갈등 언급량은 2409만 건으로 전체의 70%를 차지했다. 2015년 1월 ~ 2016년 6월 조사 때(385만 건)의 6배다.

구체적으로 살펴보면 2018년 평창올림픽이 339만 건으로 가장 많았고, 미투운동(287만)이 2위, 미세먼지(217만)가 3위였다. 이어 4위 구하라 남자친구 폭행, 5위 이수역 폭행, 6위 안희정 성폭행, 7위 낙태죄 찬반 논쟁, 8위 한진 오너 일가 갑질, 9위 한샘 인턴 몰

카·강간, 10위 릴리안 생리대 논란 등이었다.

이 기간 동안에는 미투, 성폭행 등 젠더 갈등과 관련한 이슈가 압도적으로 많았다. 순위에는 들지 못했지만, 곰탕집 성추행 사건, 홍대 누드모델 불법 촬영 논란, 정봉주 성추행 의혹, 혜화역 여성 집회, 일베 박카스남 논란 등 젠더 갈등 이슈가 끊임없이 주목받았다. 즉, 문재인 정권 출범과 함께 가속화된 20대 남성의 보수정당 지지는 2018년 급격히 진행됐는데, 그 배경에는 미투 등 양성평등 이슈와 각종 젠더 갈등 이슈, 문화적으로는 『82년생 김지영』 등의 유행이 큰 영향을 미쳤다.

이처럼 20대 남성의 보수정당 지지세가 확산하면서 2019년엔 진보층 이탈이 공고해졌다. 특히 2019년 하반기 보수정당 지지 및 진보정당 지지철회의 원인 중 하나로 조국 전 법무부 장관 사건이 영향을 미쳤다. 치열한 경쟁과 상대적으로 사회적 자원을 획득할 기회가 줄어든 상황에서 게임의 룰을 어기고, 공정하지 못한 입시를 치르는 것은 현재의 20대가 가장 혐오하는 일 중 하나다.

이렇게 최근 몇 년간 있었던 주요 사건과 특정 시점에서 20대 남성의 보수정당 지지율을 분석해보면 [표4]와 같이 정리해볼 수 있다. 2016년 3월 20대 남성의 진보 및 보수 정당 지지율은 각각 30%와 25%였는데, 탄핵 사건 이후인 2017년 3월은 53%와 8%로 격차가 크게 벌어졌다. 그러나 문재인 정부 집권 1년가량 됐을 때인 2018년 3월에는 45%와 15%로 차이가 좁혀졌고, 미투 등 젠더 갈등이 이슈로 부상하면서 2019년 3월에는 29%와 31%로 지지율이 역전됐다.

이후 엎치락뒤치락 반복하면서 조국 사건을 계기로 진보층 이탈이 공고화됐다. 당시 보수정당이 제 역할을 못 하면서 전 세대에서 실망하는 층이 늘어난 것과 비교하면 20대 남성의 보수정당 지지율은 나름 높게 나타났다. 그 결과 2020년 1월 진보정당과 보수정당의 지지율은 1%밖에 차이나지 않았다. 이후 4·15 총선 결과(출구조사) 48%와 41%로 팽팽한 지지율을 기록했다.[13]

[표4] 20대 남성의 보수정당 지지율 추이와 주요 사건

연도	2016. 3	탄핵 2017. 3	문재인 2018. 3	미투 2019. 3	조국 2020. 1	출구조사
진보	30	53	45	29	26	48
보수	25	8	15	31	25	41

13 출구조사의 경우 설문조사보다 지지율이 높게 나타난다. 설문조사는 국민 전체를 대상으로 표본을 선정하지만, 출구조사는 당일 투표한 유권자를 대상으로 표집하기 때문이다. 즉, 무당층이 처음부터 빠진 조사이기 때문에 정당 지지율이 높게 나온다.

남성 역차별 담론

이준석 국민의힘 대표가 '30대 0선 야당 대표'가 될 수 있던 가장 큰 이유는 20대 남성의 압도적 지지 덕분이다. 심화돼온 20대 남성의 보수정당 지지 현상은 결국 '이준석'이라는 정치인을 통해 정점을 찍었다. 그리고 그 안에는 뿌리 깊은 젠더 갈등이 내재해 있다. 몇 년 전 미투 등으로 촉발되긴 했지만 젠더 갈등이 어느 날 갑자기 생겨난 이슈는 아니다. 본질적 연원을 따져 올라가 보면 '메갈리아' 등 급진적 페미니즘의 등장이 그 배경에 자리하고 있다.

특히 '메갈리아'의 주요 전략인 '미러링'은 '한남충' 같은 남성 혐오를 낳았고 이는 20대 남성들의 역차별 담론을 강화시켰다. 즉, 자신의 세대는 여성차별이 문제가 아니라 오히려 남성차별이 문제라는 것이다. 그러면서 성의 병역 의무 군 가산점 폐지에 반대되는 여성할당제 등을 꼽는다.

2020년 총선에서 통합당 후보로 나섰던 김재섭은 선거 당시 이례적으로 20대 남성의 지지율이 높은 현상을 경험한다고 설명했다. 단 정책과 이념 등을 합리적으로 검토한 후 보수당 지지를 결정한 것이 아니라 젠더 갈등의 연장선, 도는 성평등 정책에 대한 반감으로 이런 현상이 나타난다고 설명했다.

실제로 20대가 느끼는 감정은 어떨까. 여기서 20대 남성 2명이 생각하는 젠더 갈등, 역차별 담론에 대해 살펴보자. 필자가 직접 인터뷰한 내용을 정리한 것으로 한 명은 서울의 한 사립대 재학 중인 28세 남성 A 씨이며, 다른 한 명은 서울 소재 대학을 졸업하고 직장에 다니고 있는 29세 남성 B 씨다.

28세 남성 A

총선이 끝나고 온라인 게임을 하는데 방 제목이 '투표한 사람만 들어와라'였다. 20대 남성들만 있었는데 이야기를 들어보니 민주당 지지자는 한 명도 없었다. 난 민주당에 투표했다. 그런데 2번을 안 뽑으면 공산주의자라고 하더라. 그래서 근거가 무엇이냐 물었더니 나라 돌아가는 꼴을 보면 당연히 알 수 있는 것 아니냐고 했다. 그 핵심 원인은 남녀평등을 넘어 남성 불평등으로 가고 있다는 것이었다.

그래서 통합당을 뽑으면 낫냐고 했더니 그렇다고 했다. 노골적으로 이런 생각을 드러내는 건 일베라는 사이트인데, 사실 20대 남성 중 이런 생각을 하는 이들이 많다. 특히 게임을 즐기는 층은 대부분 그렇다. 그러나 게임을 하는 사람들의 특성은 주로 사회적으로 성공하지 못한 이들일 가능성이 크다. 좋은 직업을 얻고 바쁜 일상을 살아가는 이들은 게임할 새도 없다. 단적으로 말해 고졸이나 중퇴자들이 많다. 이들이 채팅창에서 하는 이야기 들어보면 정치 이슈를 다룰 때 주로 성차별 이야기로 흐른다.

그것은 아마도 박탈감이 큰 탓일 것이다. 왜냐하면 기성세대가 자꾸 여성차별을 이야기하는데, 우리 세대는 그걸 겪고 자라지 못했다. 그런데 마치 모든 남자들이 범죄자라도 되는 것처럼 대한다. 학교 다닐 때도 여학생들이 공부 잘하고. 특히 저학력 계층일수록 역차별을 느끼는 남성들이 많다. 나도 전에 사귄 여자친구가 메갈리아 사이트를 애용하던 사람이었다. 대화하다 보면 나도 답답할 때가 많았다. 나는 남성으로서 기득권을 생각해 본 적도 없고, 정상적으로 군대도 다녀왔다. 복학하고 보니 동기 여자친구들은 모두 취직해서 돈 벌고 그랬다. 내 또래 남학생은 취직 준비하느라 죄다 위축된 시기였다. 그래서 20대 중반의 남성들은 모두 암울하다. 물론 우리가 돈 벌고 나면 달라질 수도 있지만, 적어도 지금은 안 그렇다. 그런데 여자 동기들은 "남자라서 좋겠다" 이런 말을 하는데, 전혀 와 닿지 않는다. 그러면서 어떤 여성들은 데이트 비용도 더 많이 내라고 요구한다. 또 2년 군대 가는 게 뭐가 힘드냐고도 한다. 20대 남성이 오히려 경쟁서 밀린다는 걸 인정하지 않는 여성들의 반응을 볼 때면 힘들다. 심지어 서로 좋아하는 여자친구의 반응도 그랬다. 여친이 이것도 인정 안 해주는구나 하는 부분이 실망스러웠다.

취업 시장에서도 남자라고 해서 더 득이 되는 것도 없다. 같은 대학에 같은 전공인데 여자 2명은 대기업, 1명은 공무원, 1명은 공기업을 준비하고 있다. 남자는 중소기업 2명, 사업 1명, 9급 공무원 2명이다. 같이 놀던 친구들의 현재 상태다. 남자라서 취직 잘되는 것 없다. 성적이 더 안 좋거나 준비를 안 한 것도 없다. 그래도 지금 당장 내 주변을 놓고 보면 여자들이 더 잘됐다. 일단 군대를 안 가니 2년을 먼저 준비했으니까.

여성들은 유리천장이라고 하는데 우리는 그런 걸 보지 않아서 모른다. 아마도 10년, 20년 전 이야기겠지. 적어도 20대 남녀 사이에 남성 역차별이 있으면 있었지, 여성차별은 없다고 생각한다. 성차별도 과거 아버지 세대의 이야기다. 기득권은 아버지가 누려놓고. 아버지 세대 보면서 그때 책임을 우리에게 되묻는 건 잘못이다. 가해자는 아버지, 피해자는 아들이라는 생각이 팽배하다.

29세 남성 B

20대 남성들에게 메갈리아는 꽤 큰 이슈였다. 메갈리아 방식이 미러링인데, 이게 일간베스트(일베)에 나온 언어를 똑같이 쓰자 하는 거다. 눈에는 눈 이에는 이. 하지만 모든 남자가 일베를 하진 않는다. 그 당시에도 일베는 이상한 사람이 하는 거라고 생각했다.

하지만 메갈리아는 전체 남성을 대상으로 우리를 잠정 범죄자로 몬다. 일베는 된장녀, 김치녀 특정 행위자를 비판하는데, 메갈리아는 무조건 남자 전부를 한남충으로 몬다. 갈등 구도가 돼버리고 사회에도 큰 영향을 미친다.

메갈리아의 미러링으로 남녀 간에 이런 성차별 있었구나 하고 인식하는 게 아니라 우리는 아버지 세대와 달리 성평등을 생각하고 있는데, 날 갑자기 나쁜 놈으로 몰아버리네 하고 화나게 만든다.

여성과 잘 지내고 배려하는 친구들도 치를 떨게 된다. 물론 메갈리아가 페미니즘의 전부는 아니겠지만, 그런 인식이 팽배하다. 본질적인 페미니즘을 알게 된 게 아니라, 메갈리아에서 남자를 욕하는 게 페미니즘이구나 생각하게 한다.

래디컬 페미니즘이라면서 숙대에 트랜스젠더 입학 반대를 한 것도 웃기다. 페미니즘이면 차별과 억압에 싸우는 것 아닌가. 그러면서 트랜스젠더는 또 반대한다. 도무지 이해할 수 없다.

주변의 명문대 나온 학생들도 그렇게 느꼈다. 사리분별하는 친구도 그 정도인데 그렇지 않은 친구들은 더 하다. 다른 다양한 사람과 생각 나눌 기회가 없다 보니 커뮤니티 중심으로 이런 사고가 확증 편향돼 커진다. 온라인 커뮤니티에서 비슷한 생각을 지닌 남성 위주로 소통하다 보니 점점 몰입되고 이런 생각이 강해진다.

정의당이 정의를 말하지만 대리게임 한 사람을 1번으로 내세웠다. 기성세대는 이해 못 하겠지만 20대에게 대리게임은 상상할 수 없는 일이다. 이들이 정의와 다양성 등을 말하지만 앞뒤가 다르다. 정의당 심상정 대표가 과거에 페미니즘을 옹호하면서 메갈리아도 지지하는 모양새를 취했는데, 진짜 성평등과 다양성을 이야기하는 게 아니라 그냥 지지하는 척, 다양성을 추구하는 척으로밖에 안 보였다.

적어도 내 주변에서는 조국, 김어준 등에 대해선 가식이란 생각을 한다. 이들을 옹호하는 건 3040이다. 3040은 20대가 봤을 때 또 다른 꼰대다. 이들도 기득권이다. 3040이 조국을 수호하고, 김어준을 좋아하는데 우리가 보기엔 대의가 아무리 커도 잘못은 잘못이다. 정의의 횃불을 든 것 마냥, 권력의 희생양인 것처럼 포장하지만, 실제로도 그런가. 조국은 정의가 아닌 가식자다. 내 주변 친구들도 대부분 그렇게 생각한다.

지금 20대는 이념보다 현실의 무게가 너무 무겁다. 민주화운동? 그런 거는 책으로만 접해봐서 모른다. 제일 중요한 기준은 나에게 피해가 오는가 아닌가다. 전체적으로 봤을 때는 취업도 과거만큼 잘 안 되고 그래서 무기력한 면도 큰 것 같다. 그런 의미에서 20대는 원칙과 공정, 정의에 더 민감하다. 대리게임에 민감한 것도 그런 맥락이다.

A와 B의 인터뷰에서처럼 젠더 이슈는 20대 남성에게 매우 중요한 갈등 요인이다. 일베와 같은 극우적 성향을 가진 20대뿐만이 아니라, 중도적 성향을 가진 대다수 평범한 20대 남성들도 페미니즘에 대한 반감을 많이 가진다. 이들의 생각을 요약해보면 다음과 같다.

"성별 불평등으로 기득권을 누린 건 아버지 세대인데, 아무 혜택도 받지 못한 나에게 자꾸 남녀차별을 이야기한다. 오히려 군 가산점 폐지 등으로 남자가 더 차별받고 있다."

이준석 대표는 이 같은 현상에 대해 "아버지 세대와 달리 남성적 특혜를 받지 못한 '이남자'는 여성우대 정책이 오히려 역차별로 느껴진다"며 "병역의 의무는 여전히 남성의 것이고 군 가산점

은 폐지됐는데 여성할당제는 존재하는 현실을 부조리하게 본다"라고 했다.[14]

김고운 경희대 사회학과 교수는 20대 남녀갈등을 사회적 자원과 공동체 규범 사이의 괴리로 설명한다. 그는 "남성은 여성할당제·군복무 등 제도의 관점에서 바라보고, 여성은 육아·가사 등 사적 영역의 불공정함에 주목한다"며 "비교 기준이 다르기 때문에 서로가 차별을 호소하는 이중구조"라고 말했다. 그러면서 "남성은 여전히 생계부양자로 여성은 양육자로 인식된다"고 설명한다.

즉, 20대 남성에게 남성으로서 가족부양 등 책임은 여전한데 아버지 세대와 달리 취업 및 성공의 기회가 적은 것이 갈등의 큰 원인이라는 지적이다. 또 지금의 50~60대는 여성의 사회적 진출이 적어 남성의 경쟁자로 인식되지 않았지만, 현재는 취업시장에서 여성이 남성의 강력한 경쟁자로 여겨진다.

그러나 20대 여성들은 여전히 여성차별을 받는다고 생각한다. 여전히 유리천장이 존재하고 남녀의 성 역할 분업이 사회 전반에 뿌리 깊다는 인식이다. 즉, 남녀 모두 차별을 받는다고 느낀다. 이는 남성의 경우 여성할당제·군복무 등 제도의 관점에서 불평등을 바라보고, 여성은 육아·가사 등 사적 영역의 불공정함에 주목하기 때문

14 '진보 압승 와중에 이남자는 보수정당 지지', 중앙일보, 2020. 4. 28. 검색일(2020. 6. 20)

이다. 서로의 준거가 다르기 때문에 타협할 수 없는 갈등 구조에 놓여 있다.

이런 상황에서 보수 정치인들이 20대 남성을 젠더 갈등 이슈로 정략적으로 이용한 측면도 크다. 즉, 남성만 군대를 가는 것의 모순점과 가산점 폐지의 문제점 등에 대해 적극적으로 발언하면서 20대 남성의 호감을 샀다. 가장 대표적인 인물이 국민의힘 이준석 대표와 하태경 의원이다. 젠더 갈등이 정치적 동기와 맞물리면서 자연스럽게 20대 남성의 보수정당 지지는 강화됐다.

아버지와 아들의 갈등

20대 남성의 역차별 담론은 젠더 갈등을 심화시키고, 심지어 여성혐오로 이어진다. 그 와중에 페미니즘에서는 여전히 사회에 공고한 남성 중심의 기득권을, 기득권의 '기'조차 가져보지 못했다고 느끼는 20대 남성에게도 내려놓으라고 하면서 갈등을 증폭시키고 있다. 결국 20대 남성의 입장을 정리해보면 "자신은 가진 것도 없고 내려놓을 것도 없는데 뭘 자꾸 내려놓으라 하는 것이냐"다.

그렇다면 20대 남성은 왜 이런 생각을 하게 됐을까. 아버지 세대에선 여성이 남성의 경쟁자로 인식되지 않았다. 여성의 대학진학률 자체가 낮았고, 취업 때도 경쟁이 치열하지 않았기 때문에 큰 고려 요소가 아니었다. 취업 여성도 출산과 양육 등을 이유로 조직 안에서 자리를 떠나는 경우가 많았다. 그러므로 아버지 세대에게 여성은 경쟁자가 아니었다.

그러나 20대 남성에게 여성은 매우 강력한 경쟁자다. 평균적으로 학점과 성적 등은 여학생이 더 높게 나타나며, 기업 입사에서도 여성이라고 큰 차별을 받지 않는다. 그러나 남성은 여전히 생계부양자로서의 책임의식이 사회문화적으로 존재하고 있고, 이런 상황에서 남성에게만 부과되는 군복무 의무가 역차별로 느껴진다.

일례로 대학 진학을 비교해보자. 1982년 전국 4년제 대학의 입학생은 19만 1,399명으로 2018년 기준 34만 2,841명보다 훨씬 적다. 반면 전국 고교생 수는 1982년 192만 명에서 2015년 153만 명으로 줄었다. 단순 비교해보면 1982년이 고교생 수가 많고 대학 입학생이 적으니 경쟁률이 높았을 것이라고 추측된다.

그러나 1980년대엔 지금처럼 모두가 대학 진학을 준비하는 분위기가 아니었다. 명문대 갈 실력인 학생도 상고 등 실업계로 진학해 일찍 사회생활을 하는 경우도 많았다. 실제로 1980년 대학 진학률은 27.2%에 불과했다. 그러나 2000년대 이후 웬만하면 대학에는 가야 한다는 분위기가 확산되면서 2008년 87.9%로 정점을 찍은 뒤 2018년 69.7%로 하락했다.

특히 서울대의 경우 1981년 졸업정원제가 실시되면서 입학정원이 1년 새 3,315명에서 6,530명으로 급증했다. 2018년 입학정원(3130명)의 2배가 넘는다. 이런 상황에서 상위권 대학의 경우 80년대 초중반은 대학진학률이 낮고 정원이 많아 지금보다 경쟁이 덜 했다고 볼 수 있다. 즉, 지금보다 쉽게 명문대 진학이 가능했다는 이야기다.

이 가운데 여성의 대학 진학률은 지금보다 훨씬 낮았다. 한국교육개발원에 따르면 18~21세의 대학취학연령인구 중 대학생 수가 지난 1970년에 여성 3.3%에 불과했다. 1979년 여학생의 대학 진학률은 20%에 불과했다. 즉, 아버지 세대의 남성은 지금의 20대와 비교해 대학 진학부터 여성보다 유리한 위치를 점하고 있었다.

그러나 현재는 다르다. 전국 4년제 대학의 여학생 비율은 42%에 달한다. 과거 남학생 비중이 높았던 고려대의 경우 학부생 중 여학생 비율은 40.5%, 대학원생은 43.2%다. 사회 진출에서도 여성의 괄목할 만한 성장이 눈에 띈다. 2019년 국가공무원 5급 공채(행정고시) 합격자 중 여성의 비율은 2019년 34.8%다. 특히 같은 해 9급 공채에 합격한 여성 비율은 57.4%로 남성보다 훨씬 높다. 2020학년도 서울시교육청의 교원임용시험 합격자 중 여성의 비율은 91.2%로 압도적이다.

이처럼 현재의 20대에겐 남녀가 모두 동일선상에서 출발하는 경쟁자다. 아니 특정 부문에서는 오히려 여성이 남성보다 훨씬 두각을 나타낸다. 그러므로 20대 남성은 아버지 세대와는 전혀 다른 출발 선상에 놓여 있다고 볼 수 있다.

결국 채용 시장에서 20대 여성은 20대 남성에게 큰 위협이란 이야기다. 20대 남성 보수정당 지지는 다른 어떤 정치적 의식을 갖고 보수적 이념 성향을 갖게 됐다기보다는 아버지 세대와는 다른 치열한 경쟁환경, 경쟁자로서 여성의 대두, 그러나 여전히 존재하는 가부장적 문화 등 다양한 사회갈등의 결과로 나타났다고 설명하는 것이 옳다. 즉, 20대 남성에게 20대 여성은 자신의 생존을 위협하는 가장 강력한 집단으로 여겨진다는 것이다.

사실 여성차별 이슈는 수십 년간 점진적으로 개선돼온 문제이기 때문에 독립변수로서 폭발력과 영향력이 제한돼 있다. 하지만 남성의 역차별 담론은 그동안 남성들이 경험하지 못했던 새로운 형태의 '불공정함'을 야기한다고 받아들이기 때문에 더욱 영향력이 크다. 이런 역차별 담론을 형성하는 구조적 원인은 양성평등을 넘어 여성 우대적인 정책이 펼쳐지는 제도적 현실과 20대 남성이 겪는 문화 세계의 현실이 괴리돼 있기 때문이다.

즉, 20대에게도 여전히 남성으로서 신혼집 마련, 가족부양 등 책임은 여전한데 아버지 세대와 달리 취업 및 성공의 기회가 적다. 지금의 50~60대는 여성의 사회적 진출이 적어 남성의 경쟁자로 인식되지 않았다. 그렇기에 여성을 우대, 배려의 대상으로 삼는 여성할당 정책 등에 반감이 덜하다. 하지만 20대 남성에게 여성은 진학, 취업 모든 측면에서 강력한 경쟁자다. 그런 이율 남성적 기득권을 누린 것은 아버지 세대인데, 그 책임을 20대에게 묻는 것은 잘못이라는 의식이 형성돼 있다.

특히 아버지 세대와 달리 현재의 20대는 취업 등 고용 현실이 어렵고, 부동산 구매 등 계층 상승의 기회가 적다. 훨씬 쪼그라든 자원을 놓고, 아버지 세대와 달리 여성과도 경쟁해야 하는 치열한 생존 위기에 놓여 박탈감이 크게 나타난다. 그런 특징으로 인해 현재의 20대는 남성뿐 아니라 여성도 과도한 경쟁사회에서 조그만 반칙과 편법에도 민감하다. 이는 때론 윗세대가 보기엔 유연성과 관용이 없어 보이기도 한다.

그렇기 때문에 20대는 이데올로기와 철학을 바라보는 입장이 과거 세대와 다를 수밖에 없다. 20대의 원칙과 정의는 '586'처럼 이념과 철학으로서의 가치가 아니라 '내가 피해 보는 건 못 참는다'로 매우 현실적인 특징을 보인다. 현실적 '생존'이 중요한 20대에게, 특히 남성이 느끼는 '역차별' 담론은 매우 파괴적일 수밖에 없다. 정의당 비례대표 1번 류호정 당선자의 '대리게임' 의혹에 대해 20대가 강한 분노를 표출하는 것도 같은 맥락이다.

요컨대 20대 남성과 20대 여성의 정치 성향이 정반대 입장을 갖게 된 것은 젠더 갈등을 야기한 여러 사회문화적 변수 때문이라는 점을 살펴봤다. 다시 말해 아버지 세대와는 다른 기회 구조의 축소, 여전히 유효한 가부장적 책임, 여성의 사회적 지위 신장으로 인한 박탈감 등이 역차별 담론을 낳는다는 것이다. 여기서 메갈리아와 같은 급진적 페미니즘을 목격하면서 왜곡된 성평등 의식을 지니게 돼 일부 여성혐오로 발전하게 된다.

이처럼 20대 남성이 여성을 자신의 생존을 위협하는 경쟁자로 인식하는 것은 여성혐오, 역차별 등 담론이 만들어지는 한 원인이 된다. 아울러 남성은 제도적 측면에서, 여성은 사적 공간에서 불평등을 인식하고 있는데, 이는 제도의 변화를 의식이 따라가지 못하는 문화 지체의 한 측면이라고 볼 수 있다.

5

20대는 여전히 진보다

70년대 낀대

보수와 진보란?

앞서 20대 남성의 보수정당 지지 현상이 정말 실체가 있는 것이고, 왜 그런지 이유를 살펴봤다. 그렇다고 해서 이들이 보수화됐다고까지 말할 수 있을까? 보수정당을 지지한다고 해서 이들이 온전하게 보수 이념에 동의한다고 봐도 되느냐는 말이다. 이는 쉬운 문제가 아니다. 보수정당이 내세우는 가치와 철학에 공감해서 보수정당을 지지할 수도 있지만, 진보정당과 진보정권에 대한 반감으로 보수정당에 표를 줄 수도 있기 때문이다. 이번 장에선 20대가 진짜 보수화된 건지, 아니면 진보의 내용물이 변해서 진보가 아닌 다른 무언가로 변해서 착각을 일으키는 건지 따져보겠다.

논의에 앞서 보수와 진보의 개념부터 명확히 정의해보자. 보수와 진보는 그 자체로 만고불변의 철학과 이념을 갖진 않는다. 시대에 따라 담기는 내용이 얼마든지 달라질 수 있다. 다만 세상을 바라보는 인식, 변화에 대한 방식의 차이가 둘을 구분 짓는다. 사실 단순한 구분처럼 보이지만 현실 정치에 이를 대입하면 매우 큰 차이를 낳는다. 이에 대해선 저자의 다른 책인 『리라이트』에 자세히 설명돼 있는데, 여기선 핵심 논지만 짚고 넘어가 보자.

먼저 국가의 존재 이유를 설명하는 이론부터 살펴보자. 국가를 최고의 선으로 본 아리스토텔레스와 인간 해방을 위한 조건으로 없어져야 할 대상으로 국가를 본 마르크스는 큰 공통점이 있다. 언뜻 보면 둘은 양극단에 놓인 것처럼 보이지만, 둘 사이에는 인간과 세상에 대한 동일한 인식의 지점이 있다. 바로 인간이 세상을 설계하고, 의지에 따라 바꿔나갈 수 있다는 믿음이다.

반면 홉스와 로크의 사회계약론은 인간이 불가피하게 계약을 맺긴 했지만, 국가는 필요악이라고 규정했다. 인간이 계약을 맺어 국가를 탄생했지만, 계약서에서 손을 놓는 순간 계약 주체인 인간의 손을 떠나버린다. 통제할 수 없는 권력이 돼버리기 때문에, 인간이 할 수 있는 것은 저항권을 사용해 국가를 전복시키거나 그 권력을 법치의 테두리에 묶어두는 것뿐이다. 홉스와 로크의 시각에선 인간의 의지대로 사회를 설계하고 세상을 만들어간다는 것이 불가능해 보인다.

이렇게 역사와 사회를 바라보는 두 가지 관점은 공동체를 어떻게 변화시켜 갈 것인가 하는 문제의 해답을 얻는 과정에서 서로 다른 태도를 낳는다. 즉, 한편에서 인간은 충분히 유토피아를 설계하고 노력을 통해 이를 실천할 수 있다고 믿는다. 또 다른 편에선 세상은 인간이 그린 설계도대로만 움직이지 않으며, 그 어떤 개인도 인류의 집단 문화유산인 과거의 전통과 관습을 뛰어넘을 수 없다고 생각한다. 환경의 변화에 따라 인간의 제도 역시 바뀌어야 하겠지만 이를 급진적으론 바꿀 수 없다는 주장이다.

위와 같은 구분에서 앞의 것을 우리는 진보라 부르고, 뒤의 것을 보수라 칭한다. 즉, 보수와 진보는 단순히 변화의 속도 차이만이 아니라 세상을 바라보는 관점까지 다르다. 이 같은 구분을 체계화해 놓은 대표적인 사람이 아일랜드 출신의 영국 정치가이자 철학자인 에드번드 버크Edmund Burke(1729~1797)[15]다.

그는 1790년 발간된 『프랑스 혁명의 고찰』을 통해 혁명 정부와 계몽주의를 비판했다. 그의 이론은 현대 보수주의 사상의 시발점이 됐다. 그의 논지는 명쾌하다. 당시 유럽에선 인간의 이성과 합리

---

15 프랑스혁명 같은 급진적 개혁을 반대하고 점진적 개선을 중시하는 영국식 의회정치를 지지했다. 미국 독립을 찬성했지만『상식』으로 체제전복에 불을 지핀 토마스 페인과 뜨거운 논쟁을 벌였다.

에 근거한 계몽주의가 지식의 주류를 형성했다. 인간 이성에 대한 자신감은 인간의 의지로 역사를 더 나은 방향으로 발전시킬 수 있다는 믿음을 갖게 했다.

그러나 버크는 인간의 이성이 뛰어난 것은 사실이지만, 그 또한 불완전함을 완전히 이겨낼 수 없으므로 다가올 미래를 완벽히 설계하거나 대처할 수 없다고 생각했다. 오히려 부실한 설계는 미래를 더욱 혼란과 갈등으로 몰아넣을 수 있다고 지적했다.

그 때문에 버크는 역사의 발전과 진화는 뛰어난 소수 엘리트의 설계가 아니라 과거에서부터 내려오는 전통과 관습에서 비롯된다는 주장을 펼쳤다. 과거의 유산이 때로는 극복해야 할 인습으로 여겨질 수 있지만, 이것이 오랜 시간 인류 역사에서 전통으로 내려오는 이유는 그만큼 정당성과 효용성을 인정받았기 때문이다. 평소 우리가 식당에 갈 때 블로그의 호평이 많고 줄이 많은 '맛집'을 찾아가는 것과 같은 이치다.

그러므로 버크에게 역사의 진화와 사회의 발전은 과거의 유산을 토대로 한 점진적 개선의 방식으로 이뤄져야 한다. 혁명과 같은 급진적 변화는 오히려 혼란과 갈등을 부추길 뿐이다. 불확실한 미래를 대하는 자세는 실현 가능성이 높지 않은 도전을 행하는 것보다 과거에서부터 현재까지 꾸준히 검증된 전통에 따른 보수적 개혁이 최선의 방법이라고 믿는다. 버크는 소수 엘리트의 뛰어난 이성보다는 다수의 사람으로부터 형성된 문화의 힘을 강조했다고 볼 수 있다.

그러나 오랜 전통이 언제나 옳은 것은 아니다. 과거의 오래된 유물이 현재를 살아가는 많은 이를 옥죄고 힘들게도 한다. 그렇기 때문에 우리 사회엔 진보가 필요하다. 이런 사상을 강하게 주장한 이가 바로 자유주의자의 아버지로 불리는 존 스튜어트 밀John Stuart Mill(1806~1873)이다. 그는 관습에 얽매여 발전 동력이 사라진 19세기 영국 사회의 기득권층을 매섭게 비판했다. 현대적 의미에서 보면 밀 또한 보수주의자로 분류되지만, 당시 영국 정치에서 밀은 진보의 아이콘이었다.

밀의 『자유론』은 개인의 자유, 특히 사상과 표현의 자유가 타인을 해치지 않는다는 전제 아래선 최대한 보장돼야 한다고 말한다. 다양하고 새로운 생각들이 많이 나와야 사회가 발전할 수 있다고 설명한다. 인간의 능력은 유한하기 때문에 어느 누구도 완전한 진리를 알 수 없고 완벽한 판단을 내릴 수 없다. 그러므로 가능한 한 많은 주장이 자유롭게 개진되고 치열한 토론을 통해 살아남은 주장만이 그 시대의 진리가 될 수 있다. 하지만 이 또한 시대가 바뀌면 진리의 자리를 내줘야 한다. 이는 모든 종교적 교리와 도덕적 윤리, 과학적 이론도 마찬가지다.

이처럼 보수와 진보의 구분이 처음 만들어진 영국과 프랑스에선 보수주의자들이 절대왕권에 맞서 싸워 시민의 자유를 쟁취하고, 공화정을 수립했으며 오늘날과 같은 대의민주주의를 발전시켰다. 하지만 한국에선 이 같은 역할을 진보가 했다. 유럽의 보수와 한국의 보수가 본질적으로 다른 지점이다.

보수와 진보는 시대마다 그릇에 담기는 내용물이 달라진다. 미국 남북전쟁 때 노예 해방을 주장한 것은 링컨이 이끄는 공화당이었다. 반대로 당시 민주당의 정치인들이 노예제를 찬성했다고 해서 지금도 그들이 노예제를 지지한다고 믿는 사람은 없다. 시대가 달라지면 보수와 진보의 내용도 변하기 마련이다. 그렇기 때문에 단지 정당의 성격을 구분하는 수식어로써 보수와 진보를 사용하는 편견에서부터 벗어나야 한다.

청춘의 다른 이름은 진보

이제 다시 현실로 돌아와 보자. 앞서 살펴본 대로 보수와 진보를 그 자체로서 이데올로기가 아니라 일종의 성향과 태도로 본다면 청춘은 늘 진보다. 역사 속에서 기성세대에 대항해 새로운 변화를 주도해온 이들은 늘 청년들이었기 때문이다. 보수는 점진적 개선을 추구하고, 진보는 빠른 개혁을 통해 기득권을 타파하고 사회 혁신을 일으킨다. 여기서 중요한 진보의 명제는 '기득권 타파'다.

즉, 한때 진보였던 과거의 20대가 사회적 자원의 다수를 점유한 기성세대가 되면 그들은 곧 기득권이 된다. 다시 말해 지금의 586은 한때 진보였을지 모르나 현재는 이미 많은 것을 가진 진보가 아닌 다른 무언가다. 그러므로 진짜 진보인 20대를 향해 '요즘 젊은이들은 너무 보수화돼 있어'라고 말하는 것은 어불성설이란 뜻이다. 왜 그런지 요즘 취업의 아픔을 겪고 있는 청년들의 현실을 예로 살펴보자.

문재인 정부의 핵심 경제정책은 소득주도성장이다. 그러나 '소주성'은 부동산 정책과 함께 오히려 불평등만 키웠다. 가파른 최저임금 인상과 거대노조의 이익에 부합하는 정책들로 저소득층과 청년들이 먼저 일자리에서 쫓겨났다. 부동산 입법 독주로 무주택자를 졸지에 '벼락거지'로 만들었고, 각종 규제로 실수요자인 20, 30대의 '내 집 마련'도 틀어막았다. 여당의 장경태 의원조차 "청년 없는 청년 정책을 펼치면서 청년들을 낙심하게 만들었다"라고 말한다.

실제로 문재인 정부 출범 당시(2017년 2/4분기) 20~29세 고용률은 58.2%였다. 그러나 같은 분기 기준으로 2018년(57.9%), 2019년(57.7%), 2020년(55.2%) 등 매해 감소했다. 올 1/4분기는 55%로 더 떨어졌다. 경실련에 따르면 지난 4년간 서울 아파트 평균가격(30평형)은 6억4천만 원(2017년 5월)에서 11억 4천만 원(2021년 1월)으로 올랐다. 부동산 3법이 처리된 2020년 한 해 동안만 1억 6천만 원 상승했다.

▶20~29세 고용률(%) 추이 (자료 : 통계청)

2016	58.8
2017	58.2
2018	57.9
2019	57.7
2020	55.2
2021	55

* 문재인 정부가 출범한 2017년 2/4분기 기준으로 분석. 단 2021년은 1/4분기

2020년 7월 여당의 부동산 입법을 비판하는 국회 연설로 유명해진 윤희숙 전 국민의힘 의원은 "청년들의 꿈을 무너뜨린, 이미 예견된 결과"라고 말했다. 당시 "그 이름이 오래도록 역사에 기억될 것"이라고 했는데, 법안 발의자인 박주민 의원과 김상조 전 청와대 정책실장이 법 시행 직전 임대료를 대폭 올린 사실이 알려지면서 윤 의원의 말이 현실처럼 됐다.

경제학자인 그는 국회에 들어가기 전 출간한 『정책의 배신』에서 "(문재인 정부가) 청년들을 희생시키는 정책을 남발했고, 586 기득권이 혜택을 입었다"고 지적했다. 그러면서 "아무런 기반 없이 시

장에 새로 진입하는 청년들이 이미 자리 잡은 사람들과 동등하게 경쟁할 수 있도록 판을 고치는 것이 진보"라고 말했다. 윤 전 의원의 이야기를 들어보자.

– 데이비드 이스턴David Easton(1917~2014)[16]은 사회적 가치를 권위 있게 배분하는 게 정치라고 했다.

인간사회는 늘 자원과 기회가 한정돼 있다. 집단의 이해관계를 합리적으로 조정하고 나누는 게 정치다. 성장률이 10%씩 찍을 때는 일자리가 많았다. 하지만 지금처럼 완전히 쪼그라든 상황에선 전보다 많이 공부하고 아이디어도 풍부한 청년들이 비집고 들어갈 틈이 없다. 신규 진입자들의 길을 넓혀주고, 많이 가진 기성세대가 조금씩 나눠야 한다.

– 청년들은 '인천국제공항공사 사태'에 분노했다. 한꺼번에 수천 명을 정규직 전환해 문제가 됐다.

2017년 대통령 방문 당시 있었느냐 없었느냐가 기준이었다. 공시생 입장에선 문턱만 높아졌다. 과거엔 노조의 권익을 옹호하는 게 사회가 진보로 향하는 길이었다. 하지만 지금은 거대노조에 보호받지 못하는 열악한 계층이 많다. 기회의 문은 좁아졌는데, 이미 자리를 차지한 사람들의 권리만

16 미국 시카고대 교수로 정치를 투입과 산출의 과정으로 봤다. 투입은 국내외적 요구와 국민의 지지, 산출은 정부의 성패다. 정치를 투입·전환·산출·환류의 과정으로 도식화했다.

강화한다. 이렇게 기득권을 지키는 것은 진보가 아니라 수구다.

– 최저임금을 올렸는데, 저소득층 소득은 왜 떨어졌을까.

인건비에 부담 느낀 영세 자영업자와 소상공인 들이 일자리를 없앴기 때문이다. 노동연구원 자료에 따르면 최근 10여 년간 상·하위 10%의 시간당 임금 격차는 계속 줄었다. 그런데 월급으로 놓고 보면 격차가 커진다. 저소득층의 근로시간이 짧아지고 있다는 뜻이다. 왜냐하면 이들 일자리 대부분은 일용직과 단기 아르바이트이기 때문이다. 이들이 급격한 최저임금 인상으로 직격탄을 맞았다.

– 정부의 부동산 정책이 결과적으론 '사다리 걷어차기'가 됐다.

서울 중위임금 근로자가 중위가격 아파트 한 채를 사려면 소득을 100% 모아도 30년이 걸린다. 문재인 정부 출범 때는 20년이었다. 이제 청년들은 '내 집 마련'의 꿈조차 꾸기 어렵다. 전세의 씨도 말랐다. 월세는 주거비 부담이 높아 돈 모으기 어렵다. 온갖 대출 규제로 현금이 적으면 집 사기도 불가능하다. 청년 입장에선 열심히 일하고 돈 모으고 있었는데, 갑자기 '벼락거지'가 돼버린 셈이다.

청년 등 고용시장의 약자가 벼랑 끝으로 내몰린 대표적 사례는 정권 출범 직후 시행한 급격한 최저임금 인상(16.4%)이다. 정책 시행

1년 만에 소득격차는 오히려 커졌다. 통계청에 따르면 1분위(하위 20%) 실질가구소득은 정권 출범 당시(2017년 2분기) 139만 6,708원이었다. 그러나 1년 후(2018년 2분기) 127만 414원으로 줄었다. 반면 5분위(상위 20%)는 806만 6,835원에서 875만 9천 원으로 급증했다.

고용 문제에 있어서 진보는 시장에 새로 진입하는 청년들이 기존의 구조로부터 차별받지 않는 것이다. 아울러 합리적인 제도와 합당한 보상체계에 따라 노력한 만큼 성과를 얻을 수 있어야 한다. 그러나 586 집권 세력은 내로남불로 오히려 신규 진입자들에게 장벽을 쌓아놓았다.

앞서 예로 들은 '인국공' 사건은 비정규직의 정규직화라는 좋은 취지를 갖고 있지만, 우연히 대통령 방문 당시 회사를 다니던 이들만 혜택을 보게 됐다. 즉, 그 이후의 신규 진입 청년들을 희생시키는 기득권 구조를 만들었다. 과거에 존재했던 합리성과 진보성을 잃어버린 제도와 규범을 유지해 이득을 보는 것은 수구일 뿐이다. 오늘날 귀족노조라고 비판받는 이들을 진보라고 부르기 어려운 이유다.

586 정의의 배신

결국 20대 입장에서 586은 진보도 아닌데 자꾸 진보라고 우기는 꼰대로 비친다. 586 정치인들의 내로남불 세계관은 역사의식의 부재에서 나온다. 그들이 대학을 다니고 민주화운동을 하던 1980년대에는 연간 성장률이 10%씩 찍을 때였다. 전 세계가 우러러보는 경제였다. 그때 일자리를 가졌던 586과 성장률 2%대인 현재의 청년들은 너무 다른 상황이다.

이렇게 경제가 위축된 상황에선 신규 진입자가 시장에 들어갈 때 그 문이 좁다는 것을 뜻한다. 방법은 새로 들어오는 청년들을 위해 문을 넓혀주거나(일자리 창출), 기존에 이미 많은 것을 가진 사람들이 조금씩 나눠야 한다. 아니 나누진 못하더라도 자신들의 기득권을 계속 강화하는 것만큼은 막아야 한다.

하지만 586 집권 세력은 어땠는가. 자기 생각과 자신의 편은 무조건 약자이며 옳다고 밑밥을 깔고 간다. 공기업 부문에서 진행된 무분별한 정규직화 정책이나 거대노조의 이익에 부합하는 정책 등은 진짜 사회적 약자가 아니라 자기편에 가까운 사람들의 이익을 위해 한 일일 뿐이다.

한때 노조는 민주화운동과 궤를 같이하면서 진보로 부를 수 있던 적이 있다. 브라질과 남아프리카공화국처럼 뒤늦은 민주화를 경험한 나라들은 대부분 노조의 강력한 투쟁이 있었고 한국도 예외가 아니었다. 민주화와 노동운동이 함께할 때는 이들의 주장이 우리 사회가 진보로 가는 데 일익을 담당했지만, 지금은 오히려 청년들의 진입을 막는 수구의 역할을 하고 있다.

결국 진보라는 것은 청년과 같은 새로운 진입자가 들어올 때 불가피하게 존재하는 허들을 낮추기 위해 얼마나 노력을 하느냐로 결정된다. 이 허들을 높일수록 기득권이 되고, 이를 낮추면 진보가 된다. 그게 바로 20대가 강조하는 공정이다. 다시 말해 계층 이동의 가능성을 얼마나 열어두느냐, 아니면 그 문을 닫아 세습사회로 만들어 가느냐가 진보와 수구의 판단 기준이란 이야기다.

사실 지금의 20대가 공정을 정치적 코호트로 받아들이게 된 가장 큰 이유는 2016년 국정농단 사건이었다. 비선실세가 뒤에서 대통령을 움직였다는 것은 민주주의의 중요한 원칙을 훼손하는 국기문란 사건이지만, 당시 청소년과 청년의 공분을 산 것은 정작 최순실 씨의 딸 정유라였다. 2016년 10월 CBS는 정 씨가 제출한 리포트의 내용이 형편없는데도 불구하고 B학점을 받았다고 보도했다. 오히려 담당 교수가 자세한 첨삭까지 해줬고, 청년들은 여기서 분노를 느꼈다. 여기에 과거 정 씨가 SNS에 올렸던 "능력 없으면 부모를 원망해, 돈도 실력이야"라고 했던 말이 회자되면서 기름을 부었다.

2016년 국정농단 사태에서 각 세대별로 분노의 트리거를 당긴 요인은 다양하다. 대통령의 비정상적인 통치행위가 가장 큰 문제이긴 했지만, 청년들의 가슴에 불을 지핀 건 앞서 살펴본 정 씨의 입시·학사 비리 문제였다. 특권과 반칙으로 부와 학력을 세습하는 불공정한 사회구조를 무너뜨리고 싶다는 열망이 이들을 거리로 뛰쳐 나오게 했다. 그래서 기회는 평등하고, 과정은 공정하며, 결과는 정의로울 것이라는 문재인 대통령의 말은 청춘의 심금을 울렸다.

그러나 결과는 어땠는가. 기대만큼 실망도 크다는 말처럼 20대는 문 대통령과 586 집권 세력에 큰 배신감을 느낀다. 문재인 정부에서 벌어진 불공정, 내로남불 사례는 수도 없이 많다. 오죽하면 진보 지식인 강준만 전북대 명예교수조차 "너무 많아 세다가 포기했다"고 말했겠는가.

그중에서도 대표를 꼽으라면 조국 전 법무부 장관의 두 자녀 입시 비리 의혹이다. 특히 딸 조민의 의혹은 법원 판결을 통해 상당수가 진실로 밝혀졌다. 고등학생이 SCI급 의학 논문의 제1 저자가 된다거나 하지도 않은 인턴 활동서를 받고, 없는 표창장까지 만들어내는 상상조차 할 수 없는 이야기들이 청년들에게 큰 상처를 남겼다. 오죽하면 청년들은 스스로 자퇴한 정유라는 양심이라도 있고, 그래도 정 씨는 금메달이라도 따지 않았느냐며 조민과 비교까지 했을까.

이처럼 20대가 분명 문재인 정권과 여당인 더불어민주당에 돌아선 것은 맞다. 물론 20대 남성의 보수정당 지지 현상과는 조금 결이 다르지만, 20대 전반에서 586 집권 세력에 대한 비판적 의식을 갖게 된 것은 거부할 수 없는 사실이다. 그 원인은 스스로 공정과 정의를 부르짖어놓고 제일 먼저 이를 깨뜨려 버린 586의 내로남불 때문이다. 그렇기 때문에 지금의 586 집권 세력을 진보라고 부르는 것은 매우 민망하고 낯간지러운 일이다.

20대를 대표하는 작가로 『K를 생각한다』의 저자 임명묵(27) 씨는 "(586 집권 세력이) 진보의 가치를 배신했기 때문에 20대가 등을 돌린 것"이라고 했다. "민주당을 지지했던 이유는 국정농단 세력보다 도덕적이고 평등·분배·공정 등 진보 가치에 헌신한다는 믿음이 있어서였는데, 정치적 신뢰를 모두 상실했다"는 이야기다.

- 민주당과 586 집권 세력은 진보인가.

말로는 진보를 표방하지만 실제 생활에선 달랐다. 특히 '조국 사태'는 굉장히 충격적이었다. '국정농단 세력과 다른 게 뭐지? 오히려 부끄러움도 모르네' 하는 분노가 20대의 생각이 바뀌는 데 큰 영향을 미친 듯하다. 이후 윤미향 의원이나 고 박원순 전 시장 등을 옹호하는 여당 정치인과 지지자를 보면서 진보 마케팅의 위선을 느꼈다.

- 20대가 보수화됐다는 말에 동의하나.

지금까지는 산업화와 민주화라는 진영 논리로 보수와 진보의 담론을 형성했다. 경제·교육·외교 등 특정 이슈에 대한 입장이 수학 공식처럼 지지 정당을 갈랐다. 그러나 20대는 '산업화 vs 민주화' 구도로 세상을 보지 않는다. 사안에 따라 지지 정당이 다르다. 지금은 국민의힘 지지가 높지만, 20대가 민주당을 버린 것처럼 국민의힘 지지도 언제든 바뀔 수 있다.

- 무엇으로 진보와 보수를 나눠야 할까.

형이상학적 담론보다는 구체적인 현실 문제에서 실마리를 풀어야 한다. 비정규직의 정규직화와 청년취업의 갈등, 부동산 정책 실패로 심화된 자산 양극화, 인공지능 시대의 정년 연장 논란 등 갈등의 균열점을 찾아 대책을 마련하는 과정에서 진보·보수가 새롭게 정의될 것이다. 중요한 것은 새로운 시장 진입자의 허들을 얼마나 낮출 것인가 고민하는 이들이 진보라는 점이다.

6

유도리, 그게 뭔데

80년대 낀대

캐러멜 팝콘 변경 불가

1979년생인 필자 중 한 사람이 영화관에서 겪은 일이다. 오리지널 팝콘 교환권이 있어 매점에 갔다. 돈을 추가할 테니 캐러멜 팝콘으로 변경해달라고 요청했다. 그랬더니 담당 직원이 딱 잘라 거절했다. 교환권 메뉴는 오리지널로 한정돼 있어서 돈을 추가해도 캐러멜로 바꿀 수 없다는 답변이었다. 군소리 없이 필자는 오리지널 팝콘과 추가 결제한 탄산음료만 손에 들고 매점을 나왔다.

낀대인 필자는 처음엔 이해하기 어려웠다. 공짜로 달라는 것도 아니고, 추가 비용을 내겠다는데 왜 안 될까 생각했다. 영화관 팝콘은 낱개로 포장돼 있는 게 아니라, 큰 통에서 전용 주걱으로 덜어 주는 것이기 때문에 얼마든지 메뉴 변경이 가능할 것이라 생각했는데, 그게 오산이었다. 그래서 20대인 디지털세대 후배들에게 물어봤다. 이들의 대답은 간단했다. "그게 원칙이니까."

'유도리'는 형편에 따라 융통성, 신축성 있게 일을 처리하는 것을 뜻하는 일본어에서 파생된 속어다. 불과 20, 30년 전만 해도 대한민국에는 크고 작은 유도리가 넘쳐났다. 그러나 우리 사회는 빠른 속도로 투명해졌다. 민주화 이후에 언론, 권력 기관의 독립성이 높아졌고, CCTV나 전산시스템의 발달로 재량의 폭은 줄어들고 감시 감독은 강화되었다. 최근에는 스마트폰을 통한 녹음이 일상화되고, 인터넷을 통해 누구나 제보할 수 있는 세상이 되어, 어느 분야에서건 나쁜 의미의 융통성을 발휘할 여지는 더욱 줄어들었다. 물론 아직도 발휘해서는 안 되는 융통성을 발휘하는 일이 근절된 것은 아니지만 말이다.

사회적으로 융통성을 발휘할 수 있는 여지가 줄어든 것은 맞다. 그러나 그것만 가지고는 융통성을 발휘할 수 있음에도 안 하는 경우를 설명하기는 어렵다. 심지어는 융통성을 발휘할 생각 자체를 하지 않고, 원칙대로, 매뉴얼대로만 하는 경우들도 늘어나고 있지 않은가.

낀대와 아래 세대가 개인주의적 성향이 강하고, 상대적으로 다른 사람에 대한 관심이 적다는 것도 한 원인이 될 수 있다. 특히 '아는 사람'이 융통성을 발휘할 것을 부탁하는 경우에 개인주의적 성향이 어떻게 작용하는지를 살펴보는 것이 필요하겠다.

20대가 원하는 '절차적 공정'과 융통성이 부딪치는 부분도 분명히 있다. 여러 경험을 통해 융통성이 결코 평범한 사람들에게 유리하게 작용하지 않는다는 것을 체득한 사람들이 적지 않다. 즉, 융통성이 발휘되는 '정성적인 사회'보다 획일화된 절차에 따라 형식적 공정이 엄격하게 준수되는 '정량적인 사회'가 더 유리하다는 의식적, 무의식적 판단이 있는 것이다.

내가 굳이 왜

사회생활을 하다 보면 여러 가지 부탁을 받는다. 융통성을 발휘해 가능한 한 유리하게 일을 처리해달라는 '청탁에 가까운 부탁'을 받는 경우도 종종 있다. 지연, 혈연, 학연으로 얽힌 대한민국 사회는 근래까지도 '우리가 남이가'를 외치며 최대한의 융통성을 발휘하는 것이 일반적이었다.

그에 반해 낀대와 아래 세대는 지연, 혈연, 학연에 대한 의미부여가 약하다. 지연, 혈연, 학연 순으로 살펴보자. 대도시에서 성장한 경우 지연이 특별한 의미가 없는 경우가 많다. 물론 비수도권이 고

향인 경우에는 고향 사람에 대한 반가움은 여전히 있겠으나, 반가움 이상의 특별한 의미를 부여하는 경우는 드물다.

직계가족만 벗어나도 명절에나 얼굴을 보는 현실에서 혈연이 큰 의미를 가지기 어렵다. 학연은 여전히 일정 정도 의미가 있다고 하겠으나, 그 끈끈함의 정도는 날이 갈수록 떨어지고 있다.

1986년생인 필자 중 한 사람이 변호사가 되고 얼마 지나지 않아 모르는 대학교 선배로부터 전화 한 통을 받았다. 필자보다 20년 위 선배였는데, 지인에게 연락처를 받아 전화했다면서 다짜고짜 본인이 선배이니 말을 놓겠다고 했다. 반말을 하는 것은 시작에 불과했다.

선배는 필자의 동기 중 한 검사의 이름을 거론하며 그 동기에게 자신의 사건을 잘 부탁한다는 말을 전해달라는 무리한 부탁을 했다. 필자는 억지로 웃으며 정중하게 거절하고 전화를 끊었다. 매우 예외적인 사례이겠으나, 필자 주변의 동기들도 다들 황당해했다. 단순한 학연은 최소한 낀대 이후 세대에는 특별한 의미가 있다고 보기 어렵다.

지연, 혈연, 학연의 의미가 약해진 것은 근본적으로 산업화 세대 이래로 개인주의적 성향이 지속적으로 강화된 영향이 크다. 애당초 부여된 의미가 크지 않으니, 부탁을 받아도 '내가 굳이 왜'라고 생각하게 되는 것이다.

내가 아무리 무리한 융통성을 발휘했다고 해도 추후에 나도 융통성의 덕을 보리라는 보장도 없다. 융통성을 발휘할 기회가 줄어들고 있는 사회적 상황하에서, 내가 베푼 융통성의 대가가 언제 돌아올지 장담하기 어렵다. '끌어주고 밀어주는' 관계가 되려면 한 번 끌어주면 상대방도 나중에 밀어준다는 신뢰가 있어야 하는데, 이런 신뢰는 점차 사라지고 있다.

사회 전체적으로 경쟁이 심화되어 남을 챙기는 것이 점점 사치가 되고 있기도 하다. 낀대와 아래 세대는 특히 아직 그럴 여유가 없을 것이다. 이와 동시에 다른 사람을 챙길 이유도 많이 줄었다. 지연, 혈연, 학연의 의미도 약해지고, 이러한 인연을 챙겨서 얻을 이익도 줄어들었다. 다른 사람을 신경 쓸 여유나 이유가 전체적으로 줄어들고 있는 것이다.

유도리는 내 편이 아니다

누구나 살면서 불공정을 경험한다. 아무리 젊은 세대라도 최소한 학창생활에서 불공정이나 특혜를 경험한 적이 있을 것이다. 공부를 특출하게 잘하거나 힘 있는 가족을 두지 않은 평범한 학생은 대부분 불공정한 대우를 직간접적으로 경험하기 마련이다.

1986년생인 필자 중 한 명은 부끄럽게도 초등학교 때 특혜를 받았던 기억이 있다. 낀대에 속하는 독자들은 대부분 '탐구생활'을 기억할 것이다. 초등학교 방학 과제물로 배포하던 학습교재 말이다. 필자가 다니던 초등학교에서는 방학이 끝나면 탐구생활을 충실히 한 학생에게 탐구생활 우수상을 줬다.

필자는 탐구생활에 열정적이지 않았던 편이라 방학이 끝나기 직전에 벼락치기로 탐구생활 과제를 했고, 결과물도 평범한 편이었다. 그럼에도 필자가 탐구생활 우수상을 수상했다. 탐구생활을 열심히 하고 뭘 많이 붙여서 탐구생활 책이 사전보다 더 두껍게 된 친구도 있었는데 말이다.

초등학생이었지만 모든 학생이 필자가 공부를 잘한다는 이유로 부당하게 받은 상이라는 것을 금세 알았다. 오래전이지만 나 스스로 굉장히 민망해했던 기억이 난다. 정성평가에 대해 불신을 가지는 계기가 되었다고도 할 수 있겠다.

젊은 세대일수록 융통성을 발휘한 결과가 본인에게 유리했던 경험이 많지 않을 것이다. 반면 학창시절 내신성적이나 군복무, 취업 등에서 평범한 사람이 부당하게 피해를 본다는 경험을 했을 가능성은 높다. 피해를 본 경험이 더 기억에 남기 때문일 수도 있으나, 어떤 이유에서든 융통성이 발휘되는 것이 불리하게 작용했다는 인식을 갖는 것이다.

조국 전 장관이나 최순실 자녀와 관련한 언론 보도까지 가지 않더라도, 대부분 일상에서 겪은 다양한 불공정의 경험이 있다. 이러한 경험이 '형식적인 공정'과 원칙, 매뉴얼, 정량평가 등에 대한 긍정적인 인식을 갖는 한 원인이 될 수 있다. 이에 더해 타인에게 신경을 쓸 여유와 이유가 줄어든 상황에서 원칙에서 벗어나 융통성을 발휘하는 일은 점점 드문 일이 되어가고 있다.

7

20대는 왜 수능을 더 중시하나

70년대 낀대

사라진 개천의 용

우리에겐 왜 교육이 필요할까. 첫 번째는 개인이 가진 재능과 끼를 최대한 발현시켜 사회의 올바른 구성원으로 성장하기 위해서다. 아리스토텔레스가 말한 자아실현, 근대 민족국가에서 공교육을 통해 동일한 이데올로기와 비슷한 정치·문화적 관념을 가진 국민을 키워내는 것 등이 이 같은 목적에 해당한다.

두 번째는 계층 상승의 도구로서 교육이다. 이는 주로 대학입시라는 형태로 나타난다. 압축적 근대화와 산업화를 겪은 한국에서는 지위 상승의 수단으로 교육이 사용된 경우가 많았다. 이 가운데 부모의 사회·경제적 배경과 상관없이 본인만 똑똑하면 얼마든지 성공할 수 있다는 '개천에 용 나는' 신화가 만들어졌다.

이는 2차 대전 이후 미국을 중심으로 전 세계에 확산됐던 '능력주의Meritocracy' 신념과 무관치 않다. 많은 나라에서 교육을 통한 계층 상승은 자유민주주의 사회에서 반박할 수 없는 진리처럼 여겨졌다. 특히 한국에선 학력고사, 대학수학능력시험 등 일제고사를 통한 줄 세우기 입시가 오랫동안 당연한 듯 여겨졌다. 사법·행정·외무고시 등도 이의 연장선이었다.

전쟁 이후 계층 변동 가능성이 컸던 한국 사회에선 교육을 통해 누구나 사회·경제적 지위 상승이 가능하다고 믿었다. 어려운 가정 형편에도 예습, 복습만 철저히 해 전국 수석을 차지하는 이야기는 1990년대까지 '개천용'이 실재한다는 신념을 갖게 했다. 일제고사를 대체할 평가 시스템이 마땅치 않은 상황에서 줄 세우기 입시는 오랫동안 그 권위를 누려왔다.

하지만 현재 한국 사회에선 '개천용' 사례를 찾아보기 힘들다. 과거 계층 상승의 중요한 통로로 여겨졌던 교육이, 이제는 오히려 계층 상승을 가로막는 방해물로 여겨진다. 나아가 좋은 배경을 가진 가정의 자녀들이 입시에서 월등한 성과를 얻으며 부모의 사회·경제적 지위를 세습하고 있다.

국내 최초로 개천용지수를 만든 주병기 서울대 교수(경제학)

는 "1990년 이후 26년 동안 한국의 기회 불평등 정도는 두 배가량으로 커졌다"고 말했다.[17] 주 교수가 창안한 개천용 기회불평등 지수는 소득 하위 20%인 부모를 둔 사람이 소득 상위 20%에 올라설 확률을 구한 뒤 1에서 빼는 방식으로 계산한다. 다시 말해 소득 상위 20%에 오를 능력을 갖춘 사람이 하위 20% 가구에서 태어나 상위 20%에 진입하지 못할 확률이다. 이 수치가 높으면 기회 불평등 정도가 크다고 볼 수 있다.

주 교수는 통계청의 가계동향조사와 한국노동연구원의 노동패널조사를 분석했다. 분석 결과 1990년 개천용지수는 19.79였는데, 2016년 34.82로 증가했다. 2016년 기준으로 기회 불평등 탓에 소득 하위 20% 출신 100명 중 34.82명이 계층 상승을 하지 못했다는 이야기다.

1990년부터 2016년까지의 조사 기간 중 개천용지수가 가장 낮았던 때는 1992년(17.5)이다. 가장 높았던 해는 2013년으로 39.04였다. 두 시기만 놓고 비교해보면 21년 사이에 개천용지수가 두 배 이상으로 올랐다. 즉, 개천용이 날 수 있는 기회 구조를 가로막는 장벽이 두 배 이상으로 높아졌다는 뜻이다.

개천용지수는 부모의 경제적 배경에 따른 자녀의 학업성취도

17 '개천서 용나기, 26년 새 두 배 힘들어졌다', 한국일보, 2020. 10. 5(검색일: 2020. 11. 29)

양극화 실태도 설명한다. 주 교수는 국제교육성취도평가협회가 4년마다 조사하는 '수학 및 과학 학습 국제비교 연구' 자료를 활용해 분석했다. 49개국의 초등학교 4학년부터 중학교 2학년까지가 대상이다.

분석 결과 아버지의 학력을 3단계로 나눠 수학 분야의 개천용지수를 뽑아봤더니 1995년 21.8에서 2015년 82.23으로 급증했다. 학력이 낮은 아버지를 둔 학생은 10명 중 8명가량이 자신의 역량을 발휘하지 못했다는 의미다. 같은 기간 과학 분야는 개천용지수가 40.18에서 81.23으로 증가했다.

2005년 중학생이 된 6,908명의 성적을 3년간 분석한 결과에선 영어 과목의 개천용지수를 따져봤더니 아버지 학력을 기준으로 73.88, 부모 소득을 기준으로는 72.29였다. 수학은 아버지 학력 기준 70.96, 부모 소득 기준 67.25였다. 국어는 아버지 학력 기준 56.83, 부모 소득 기준 51.15였다. 기회 불평등 정도가 영어, 수학, 국어 순이라는 뜻이다.

영어 과목의 기회 불평등이 큰 이유는 자녀의 어학 실력은 성장 환경에 따라 크게 좌우되기 때문이다. 즉, 어릴 때 부모를 따라 해외에 체류한 경험이 있는 학생들은 영어 성적이 높을 확률이 매우 크다. 조기유학이나 어학연수 등의 경험도 마찬가지다. 그러므로 소위 '있는 집' 아이들일수록 영어 성적이 우수할 가능성이 높다. 이처럼 교육은 더 이상 예전처럼 개천용을 양성하는 기제로 작용하지 못하고 있다. 과거처럼 없는 집에 살아도 공부만 열심히 해 성공하는 케이스를 찾아보기 힘들어진 이유다.

'느그 아부지 머하시노'

영화 〈친구〉에 나와 유행어가 된 '느그 아부지 머하시노'는 사회경제적 세습을 설명하는 가장 직관적인 표현이다. 그 핵심은 교육이며, 과거처럼 계층 상승의 희망 사다리로 기능하지 못하고 있다. 그 원인으로 흔히 제시되는 요인은 사교육이다. 대체적으로 사교육은 투입한 만큼 효과를 본다. 그 결과 가처분소득이 높은 소득 상위층일수록 자녀들에게 많은 사교육비를 투자하고, 그로 인해 대학입시에서도 좋은 결과를 얻게 될 확률이 높다.

그다음은 입시제도의 변화다. 앞서 언급한 일제고사 시스템은 전국의 수험생을 소수점 단위까지 줄 세워 대학의 당락을 따지도록 한다는 점에서 많은 비판을 받았다. 하지만 아이러니하게도 대학입시가 다양해지면서 '개천용'의 가능성도 낮아지기 시작했다. 특히 학생의 다양한 면을 평가하겠다는 '학생부종합전형'의 확대 이후 이 같은 현상은 더욱 심화됐다.

사교육 투자 여력과 입시 변화에 대한 대응 모두 한 가지 독립변수로 수렴하는데 그것은 바로 부모의 사회경제적 지위다. 기존에도 부모의 능력이 자녀의 학업성적에 긍정적 영향을 미친다는 연구는 많았다.[18] 신명호(2010)는 "부유한 집의 학생들이 공부를 더 잘한다는 명제는 누구도 부정하기 어렵다"고 했다. 그러면서 부모의 사교육비 지출, 부모의 학력과 직업, 소득 등 사회·경제적 자본을 그 요인으로 꼽았다.

여러 가지 중 단연 가장 본질적인 변수를 꼽으라면 소득이다. 가처분소득이 높아야 사교육비 지출도 많아질 수 있다. 아울러 학력의 경우 고교, 대학, 대학원 등으로 서열척도로 구분이 가능하지만, 직업은 학력과 같이 명징하게 위계화하기 어렵다. 대기업의 블루칼라와 중소기업의 화이트칼라 중 어느 직업이 더 좋은 것이냐고 물을 때 답변하기 어려운 것처럼 말이다.

그러므로 학력과 직업의 종속변인이며, 이를 서열화해서 그 효과를 보여주기 가장 좋은 변수는 소득이다. 그러므로 많은 연구에서 부모의 소득을 핵심 독립변수로 놓고 자녀의 학업성적에 미치는 영향을 분석한다. 좋은 성적을 거두고, 나아가 명문대에 진학하는 것은 오랫동안 축적된 가정의 문화와 유년기부터 이뤄진 교육투자의 결과다.[19] 특히 인적자본이론에서는 교육투자에 영향을 미치는

---

18 「부모의 사회경제적 지위가 자녀의 학업성취도에 미치는 영향에 관한 연구」, 신명호, 2010. 사회복지연구 41(2) 217-246p.

19 「대학 진학에서의 계층격차: 가족소득의 역할」, 구인회 김정은, 2015. 사회복지정책 42(3) 27-49p.

변인이 앞서 말한 소득과 같은 부모의 경제적 지위라고 설명한다.[20]

이를 실증적으로 잘 보여주는 자료가 국가장학금 데이터다. 2012년부터 정부는 대학생의 소득분위(가구)에 따라 국가장학금을 지급해왔다. 보건복지부 사회보장 정보시스템을 통해 가구 소득과 재산을 합쳐 소득인정액을 산정하고 기초수급자부터 차상위계층, 1~10분위로 구간을 나눴다. 국가장학금은 8분위까지 차등 지급된다. 그러므로 장학금을 받지 못하는 9, 10분위는 상대적으로 '잘사는 계층'이라고 볼 수 있다.

분위별 경곗값은 해마다 변하는데 2020년 기준 월 가구 소득인정액이 9분위는 949~1,427만 원, 10분위는 1,427만 원 이상이다. 한국장학재단의 소득분위 자료는 국가장학금 신청자를 대상으로 분류한 것이다. 그러므로 9, 10분위 이상으로 월등히 잘사는 계층은 어차피 신청해봐야 못 받을 것을 알기에 지원조차 하지 않는다. 즉 실제 9, 10분위 학생의 비율은 이 자료에 나타난 것 이상으로 높다는 이야기다.

이 자료[21]를 상세히 분석해보면 2020년도 1학기에 국가장학금을 신청한 서울·고려·연세(SKY) 대학의 9, 10분위 신입생 비율은

---

20 「Succeeding Generation: On the effects of investments in children」, Haveman, R, 1995. New York: Russell Sage Foundation : 구인회 김정은. 2015에서 재인용

21 한국장학재단 국가장학금 국정감사 자료, 정찬민 국민의힘 의원. 2020.

55.1%다. SKY가 아닌 다른 대학 평균(25.6%)의 2배가 넘는다. 최상층인 10분위만 놓고 보면 SKY 37.9%, 다른 대학 12.2%로 9분위보다 고소득층 편중이 훨씬 심각하다.

2020년 대학 신입생(1학기) 고소득층 자녀 비율

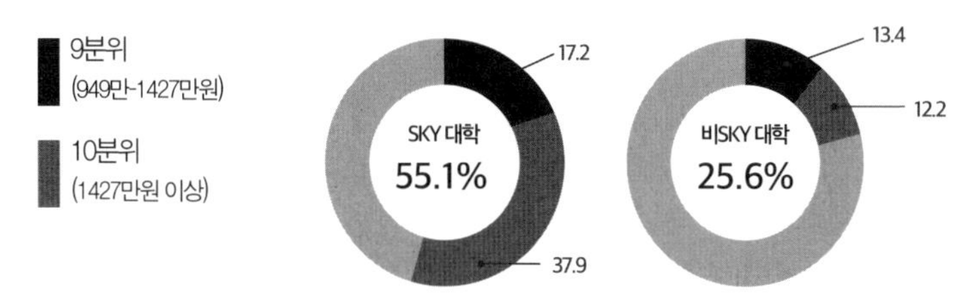

※ 9, 10분위 : 수입과 재산평가액을 월소득으로 환산했을 때 최상층 구간

SKY를 다시 대학별로 세분화해 10분위 학생들의 비율을 살펴보면 서울대 44.7%, 고려대 33.2%, 연세대 40%다. 서울대의 경우 거의 절반이 최상층인 10분위에 해당한다. 앞서 설명한 대로 국가장학금을 신청하지 않은 학생들까지 합한다면 이 비율은 훨씬 높아질 것으로 보인다.

2020년 1학기 기준 세 학교의 국가장학금 신청자는 각각 서울대 2,075명, 고려대 2,645명, 연세대 2,145명이다. 세 학교 입학정원은 1만 명이 조금 넘는데 이 중 6,865명만 국가장학금을 신청했다. 즉, 국가장학금을 신청한 SKY 대학 신입생은 60%대인데, 이를 제외한 나머지는 이미 다른 장학금을 받기로 했거나 어차피 못 받을 것을 알기 때문에 처음부터 신청하지 않은 경우에 해당한다고 볼 수 있다.

특히 문재인 정부 출범 후 이런 현상은 더욱 심화되고 있는 것으로 나타났다. 박근혜 정부 5년간 SKY 대학의 9, 10분위 비율 평균은 41.4%였다. 2013년(40.4%)부터 2017년(41.1%) 입학자까지 40%대에서 오르락내리락했다. 그러나 문재인 정부 3년간 이 비율은 53.3%로 급증했다.

이런 쏠림 현상을 의대(SKY)로 좁히면 훨씬 심각해진다. 현 정부 출범 직전에 입학한 2017년 신입생 중 9, 10분위 비율은 54.1%였지만 2020년 신입생은 무려 74.1%나 된다. 이중 최상층인 10분위만 놓고 보면 2017년 39.8%에서 2020년 57.2%로 크게 늘었다. 일반적으로 의대에 진학하는 학생들의 학력 수준이 높다는 점을 감안하면, 최상위권일수록 SKY 신입생 중 잘사는 계층의 자녀들이 월등히 많고 박근혜와 문재인 정부 간에 격차도 더욱 크다고 볼 수 있다.

이는 현 정부가 희망 사다리로서 교육정책을 적극 펼치겠다고 약속했지만, 이 같은 약속이 제대로 지켜지지 않았다고 해석할 수 있다. 물론 '개천용'이 사라지고, 부모의 경제적 지위가 자녀의 대학 입시 성과에 큰 영향을 미치는 것은 최근의 일만은 아니다. 과거 정부에서부터 이런 추세가 계속돼온 것은 분명한 사실이다.

하지만 박근혜 정부와 문재인 정부를 기점으로 이 같은 격차가 크게 벌어진 것 또한 부인할 수 없다. 그렇다면 왜 이런 일이 생겨났을까. 이 문제를 설명하는 변수는 사교육 지출 방식의 변화, 부모의 학력 수준 등 여러 가지가 있겠지만, 가장 큰 것은 입시제도의 변화다. 다음 장에서 이를 자세히 살펴보자.

2013~2020년 SKY대학 신입생(1학기) 고소득층 자녀 비율

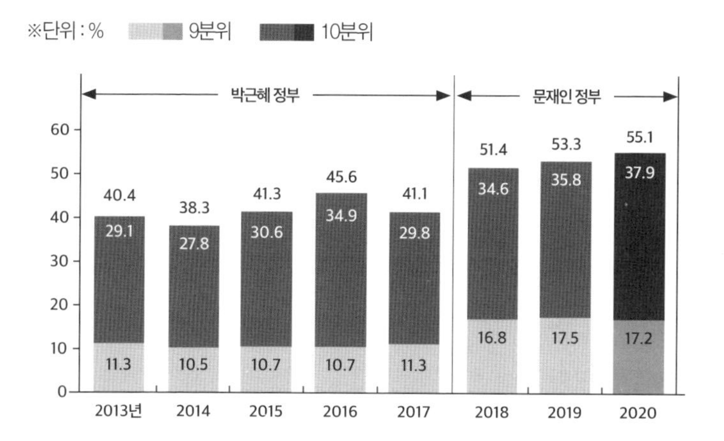

계층 세습 공고화하는 입시제도

문재인 정부가 출범한 2017년을 전후로 비교해보면 2013~2017학번과 2017~2020학번 사이에 큰 차이점이 존재한다. 현 정부의 첫 신입생인 2018학번의 9, 10분위(SKY) 비율은 51.4%다. 1년 전인 2017학번(41.1%)과 비교해 10.3%포인트나 늘었다. 이후 2019년 53.3%, 2020년 55.1%로 꾸준히 증가하고 있다.

이 비율이 2013년부터 2017년까지 40.4%에서 41.1%로 오르락내리락한 것을 감안하면 1년 사이에 10.3%포인트나 증가하고, 이런 추세가 계속되고 있는 것은 이례적인 현상이라고 할 수 있다. 이는 단순히 관찰 대상인 수험생의 변화나 일시적인 우연이라고 보긴 어렵다. 뭔가 본질적인 구조 변화가 있었다는 뜻이다.

이 같은 변화의 핵심은 대학 입학의 기준이 되는 입시제도의 변화다. 실제로 2017년과 2018년 사이엔 입시정책에 있어 두 가지 큰 변화가 있었다. 첫 번째는 수시모집에서 학생부종합전형 비율이 대폭 늘어난 점이고 두 번째는 수능 영어 과목을 절대평가로 전환한 것이다. 공교롭게 이 두 가지 모두 수능의 변별력을 떨어트린다. 즉, 학생부를 비롯한 기타 교내 활동의 중요성이 더욱 커졌다는 의미다.

수능 영어의 절대평가 전환은 박근혜 정부 때 이미 예고된 사안이긴 했지만, 영어 외의 다른 과목까지 절대평가로 전환하는 것이 문재인 대통령의 선거 공약이었다. 학생부종합전형을 비롯한 수시 확대 방침도 현 정부의 대선 공약이었다.

하지만 이 두 가지 정책 모두 여론의 반발에 부딪혀 무산됐다. 수시 확대 정책은 오히려 수시를 축소하고 정시를 확대하는 방향으로 바뀌었다. 수능 과목의 절대평가 전환도 현재로선 무기한 연

기된 상태다. 공교롭게도 현 정부 출범과 함께 SKY의 고소득층 자녀 비율이 늘어난 것은 사실이지만, 그 원인을 전부 현 정부 탓으로 돌리긴 어렵다. 그렇다면 이 두 가지 정책 변화가 왜 고소득층 자녀의 명문대 입학을 쉽게 만드는가. 그 원인을 실제 입시 사례를 통해 살펴보자.

먼저 학생부종합전형을 비롯한 수시모집의 확대는 소위 '있는 집' 학생들의 명문대 입학을 용이하게 만든다. 서울대의 경우 수시모집 정원이 전체의 78.5%다(2020학년도 기준). 그런데 서울대는 또 수시 전체를 학종으로 뽑는다. 학종은 내신성적뿐 아니라 학생들의 다양한 잠재력과 특성을 보고 뽑는 전형이다.

하지만 '지균'으로 선발된 학생들의 대부분은 그 지역의 유지 또는 상위계층의 자녀일 확률이 높다. 실제 통계를 살펴보면 2011~2018 서울대 지균 합격자는 강남구(4→18명), 서초구(3→10명), 송파·양천구(각각 7→10명)에서 주로 늘었다. 반면 성북구(10→2명), 종로구(8→4명), 동대문구(7→4명), 중랑구(5→3명) 등은 오히려 줄었다.[22]

서울대에 합격을 예상하고 지균으로 원서를 쓸 수 있는 학생은 교내에서 1~2명에 불과하다. 학교와 지역 사정에 따라 더 적은 곳

22 종로학원하늘교육이 취합한 서울대 지역균형전형 합격자 자료

도, 때론 많은 곳도 있을 수 있다. 분명한 것은 서울대 합격자가 0명인 학교가 그렇지 않은 학교보다 많다는 점이다.

아울러 서울대 합격자 수를 지역별로 살펴보면 수시모집이 늘고 학종이 강화되는 사이에 지역 불균형은 더욱 심화됐다. 종로학원하늘교육의 2007년과 2018년 서울대 합격자 자료에 따르면 12년 사이 경기도는 서울대 합격자가 484명에서 720명으로 236명이나 증가했다. 서울은 2018년 1,258명으로 2017년보다 50명 늘었다. 반면 부산(91명), 대구(80명), 경남(41명), 충북(28명), 광주(27명) 등 비수도권은 크게 줄었다.

같은 서울 안에서도 양극화가 심했다. 보통 사교육 특구로 꼽히는 강남구와 양천구의 서울대 합격자는 이 기간에 크게 늘었다. 서울의 전체 서울대 합격자 중 그 지역 출신이 차지하는 비율이 양천구는 4.6%에서 10.6%로 2배 이상으로 늘었다. 강남구는 17.3%에서 20.4%로 증가했다. 그 외 다른 지역은 비슷하거나 오히려 떨어졌다.

강남구와 양천구는 전통적으로 입시학원이 많고 재수생도 강세를 보인다. 즉, 수능 성적이 다른 지역보다 높으니까 당연히 서울대 합격자가 많은 것 아니냐는 반박도 가능하다.

하지만 수능 비중은 해가 갈수록 감소됐다. 2007년 서울대는 수시로 46.9%, 정시로 53.1%를 뽑았다. 그런데 2018년엔 수시

(78.5%)가 정시(21.5%)의 4배에 달했다. 만약 강남·양천 학생들이 수능만 잘했다면 정시 인원이 줄었으므로 합격자 수가 감소했어야 한다. 그런데 실상은 그 반대다. 그 말은 수시로 바뀐 게 교육특구 입장에선 훨씬 유리하다는 의미다.

실제로 서울대 수시 합격자 비중만 놓고 따져보면 이런 추세가 명확하게 드러난다. 2007년 서울대 수시 합격자 중 강남구 출신은 8%였는데 2018년엔 15.7%로 2배가 됐다. 같은 기간 서초구는 4.9%에서 11.7%로 증가 폭이 더욱 컸다. 서울대 합격자 중 수도권, 그것도 서울로 쏠림이 커지고 있고, 그중에서도 강남과 같은 부촌으로 집중 현상이 더욱 강화되고 있다는 결론이다.[23]

두 번째로 살펴볼 것은 수능 영어 절대평가 전환은 왜 고소득층 자녀에게 유리한가이다. 절대평가는 일정 점수 이상이면 비율 제한 없이 1등급을 받는다. 즉, 어릴 때 해외 경험이 있거나 사교육을 받은 학생일수록 일찌감치 영어를 끝내놓고 국어, 수학 등 다른 과목에 집중할 수 있다. 절대평가에선 만점을 받든 90점을 받은 똑같은 1등급이기 때문에 어느 정도 실력만 되면 해당 과목의 학습을 덜 해도 된다는 이야기다.

아울러 영어는 어학 과목이라는 특성상, 영어를 쓰는 환경에

---

23 종로학원하늘교육이 취합한 서울대 지역균형전형 합격자 자료

자주 노출될수록 실력이 높아지기 쉽다. 즉, 영어권 국가에 체류한 경험이 많을수록 영어 실력도 비례해 증가한다는 뜻이다. 그러므로 해외 체류가 가능한 부모를 둔 자녀의 경우 영어 능력을 습득하기가 수월하다. 교수 등 연구직이나 대기업 주재원 등 사회경제적 수준이 높은 부모의 자녀일수록 영어 실력이 높을 가능성이 크다. 앞서 주병기 서울대 교수의 '개천용지수' 연구에서도 영어 과목이 국어, 수학 과목에 비해 부모의 영향을 더욱 많이 받는 것으로 나타났다.

이와 같이 2018학년도 신입생부터 달라진 2개의 입시정책 변화가 SKY 신입생 중 고소득층 자녀 비율을 높인 주 원인이라고 해석된다. 그렇지 않고서는 2018학년도를 기점으로 이와 같은 극적인 변화를 설명할 요인이 없고, 설령 일시적인 다른 독립변수가 있었다 치더라도 2019, 2020학년도까지 비슷한 경향을 유지하긴 어렵다고 볼 수 있다. 요컨대 수시와 학종 위주의 입시정책 변화, 수능 절대평가 전환은 고소득층 자녀의 명문대 진학을 쉽게 만든다고 볼 수 있다.

공정성 = 신뢰성 + 타당성

프랑스의 경제학자 토마 피케티Thomas Piketty는 "학력 엘리트인 브라만좌파가 자산 엘리트인 상인우파와 결탁해 불평등을 심화시키고 양극화 구조를 공고히 한다"고 말했다. 그러면서 "좌파 엘리트가 부를 재분배하고 서민층을 대변하는 원래 역할을 하지 않는다"고 지적했다.[24]

즉, 브라만좌파가 자신의 물질적 욕망을 좇는 데 그치지 않고, 학력과 주거지로 구분되는 계급 차별의 울타리를 높이면서 세습을 통해 계층 이동의 희망 사다리를 차버리고 있다는 이야기다. 결국 브라만좌파와 상인우파 모두 기득권이며 이들이 서로의 권력을 놓지 않기 위해 싸우는 사이 다수의 사람만 소외되고 있다.

브루킹스연구소 리처드 리브스Richard Reeves 박사의 문제의식도 비슷하다. 그는 "고학력 부모들이 최고 학교로 자녀를 보내 사회·경제적 부를 대물림하며 구조적 장벽을 쌓고 있다"고 말한다. 그러면서 "대학입시는 인턴 기회가 많은 응시자에게 유리하도록 설정돼 있고, 명문대 입시를 통해 만들어진 거대한 특권의 산꼭대기가 존재한다"고 비판했다. 특히 "포틀랜드, 뉴욕, 샌프란시스코 같은 곳에 모여 살면서 다른 계층이 학군 좋은 지역에 진입하는 것을 가로막는다"고 비판했다.[25]

한국에서도 2019년 '조국 사태'처럼 엘리트 계층이 자신의 우월적 지위를 자녀의 대학입시에 이용하는 사례가 많다. 조국 교수

---

24 『자본과 이데올로기』, 토마 피케티, 2020.
25 『꿈을 쌓아두는 사람들(Dream Hoarders)』, 리처드 리브스, 2017.

는 과거 트위터에서 "모두가 용이 될 수 없으며 그럴 필요도 없다"고 했으나 자녀들의 입시 편법 논란 이후 본인의 아들, 딸만 용으로 만들려 한 것 아니냐는 비판을 받았다. 고교생이 SCI급 의학 논문 저자가 되는 것은 부모가 학력 엘리트가 아니었다면 불가능한 일이기 때문이다.

이처럼 교육이 더 이상 계층 상승의 희망 사다리가 되지 못하고, 오히려 세습 사다리가 된 상황에서 교육의 역할에 대해 다시 고민해봐야 한다. 앞서 살펴본 것처럼 부모의 지위가 자녀의 입시 성적에 미치는 영향은 매우 크며, 그 강도는 계속 커지고 있다. 아울러 입시 정책의 변화가 이런 경향을 더욱 부추기고 있음을 확인했다. 그러므로 최소한 입시제도의 변화를 통해서라도 '개천용'을 더욱 늘릴 방법을 고민할 필요가 있다.

물론 사교육의 영향이란 측면에서 보면 수시와 학종, 수능 등 모든 입시 전형은 학원이나 과외를 많이 이용한 학생일수록 유리하다. 잘사는 집 아이들일수록 입시에서 좋은 고지를 차지한다는 뜻이다. 그러나 적어도 수능은 제아무리 사교육을 많이 받았다 해도 학생 본인이 직접 시험을 쳐야 한다. 반면 학종은 스펙 쌓기에서 '부모 찬스'가 가능하다.

물론 학종의 취지 자체는 나쁘지 않다. 전국 수십만의 아이들을 수능으로 줄 세워 대학에 입학도록 하는 것은 4차 혁명을 논하는 현 시대에 맞지 않는다. 그렇기 때문에 학생 저마다 가진 끼와 재능을 살려주고, 다양한 인재를 키운다는 관점에선 학종이 더욱 효과적일 수 있다. 하지만 취지가 아무리 좋아도 평가 과정에서의 객관성과 투명성을 확보할 수 없는 시험은 수험생과 학부모로부터 신뢰받기 힘들다.

공정한 시험에는 두 가지 의미가 담겨 있다. 하나는 학생 개인의 적성과 소질을 얼마나 잘 평가할 것인가(타당성)이고, 둘은 평가 과정이 얼마나 객관적이고 투명한가(신뢰성)이다. 수능은 신뢰성은 높지만 타당성은 낮은 시험이다. 반면 학종은 신뢰성이 낮은 대신 타당성이 높다.

하지만 신뢰성이 없으면 타당성이 제아무리 높아도 입시제도로서 인정받기 힘들다. 각종 '부모 찬스'가 횡행하는 현실에서 학종에 대한 불신이 커진 것도 그 때문이다. 최근 10년간 수시와 학종의 증가로 명문대에 입학하는 고소득층 자녀들이 대폭 증가하면서 대학입시가 '계층 세습'의 통로 역할을 해왔다. 이런 상황이라면 입시 정책에 대한 본질적 검토가 필요하지 않을까 한다.

더욱 본질적으로는 대학입시라는 단일한 기회 구조로 일원화된 지금의 한국 상황을 개선해야 한다. 조지프 피시킨(2014)의 지적처럼 대학입시와 같은 하나의 중요한 시험만이 인생의 성패를 좌우하는 단일한 구조에서는 다른 역량, 다양한 분야를 발전시킬 수 있

는 기회가 중요시 되지 않기 때문이다.[26]

그러므로 본질적으로 '개천용'이 많아지는 사회를 만들기 위해선 대학입시로 대표되는 단일한 기회 구조를 혁파해야 한다. 한 번의 시험으로 인생의 성패가 좌우되는 사회적 시스템이 계속되는 한 수십만의 수험생들은 좁은 문에 들어가기 위해 치열한 경쟁을 계속할 것이며, 그 안에서 각종 유리한 자원을 가진 부유한 가정의 아이들이 쉽게 성공을 얻어낼 수 있다. 그러므로 우리 교육의 방향도 다양한 기회 구조를 확보하는 방식으로 나아가야 함은 틀림없다.

26 『병목사회』, 조지프 피시킨, 2014.

8

욜로라고? 난 파이어족

80년대 낀대

욜로 하다 골로 간다

욜로는 'You Only Live Once'의 앞글자를 딴 말이다. '한 번뿐인 인생, 즐기며 살자'는 삶의 태도를 뜻한다. 저축이나 불확실한 미래를 위한 준비보다는 현재의 즐거움과 행복이 중요하다는 것이 욜로의 핵심적인 내용이다. 회사를 관두고 모아둔 돈을 전부 긁어모아 세계일주를 하는 경우가 욜로의 극단적인 예라고 할 수 있다.

욜로의 핵심은 시간과 돈을 현재의 즐거움을 위해 사용한다는 것이다. 욜로족은 남는 시간을 조직에서의 인정이나 미래의 성공을 위해 쓰지 않고, 취미생활, 여행, 순수한 배움, 새로운 경험 등 행복을 위해 쓴다. 이런 면에서는 '작지만 확실한 행복'을 뜻하는 '소확행'과 닿아 있다.

세계일주는 극단적인 사례이고, 욜로족 대부분은 회사를 다니면서 퇴근 후나 주말에 의미 있는 경험을 하고 행복을 느끼기 위해 돈을 아끼지 않는 정도로 현실과 타협한다. 과시적인 소비를 뜻하는 '플렉스', 크지 않은 금액을 낭비하는 즐거움을 뜻하는 '탕진잼'도 욜로의 일종이라고 할 수 있다.

욜로는 우리나라가 선진국 문턱에 진입하고, 경제성장이 둔화하면서 나타나는 자연스러운 현상이다. 우리 국민에게는 적당한 수준의 욜로가 필요하다. 평생 치열한 경쟁에 시달리고 장시간 노동에 시달리는 우리 국민은 특히 현재의 행복을 위해 적당한 시간과 돈을 투자할 필요가 있다. 조직을 위해 원치 않는 회식에 억지로 참여하고, 주말에도 상사와 함께 등산하느라 가족을 등한시하는 것보다는 욜로가 스스로 행복을 챙기는 건강한 태도라고 할 수도 있다.

문제는 하필이면 많은 국민이 욜로를 외치는 사이에 부동산 가격이 폭등한 것이다. KB국민은행 월간 주택매매가격 통계에 의하면, 문재인 정부가 출범한 2017년 5월 서울 아파트 평당 가격은 2,326만 원이었다. 2021년 9월에는 4,652만 원으로 상승했다. 서울 아파트 가격이 4년 4개월 만에 평균 2배가 된 것이다. 25평을 기준으로 평균 5억 8천만 원가량 하던 서울 아파트 평균가가 11억 6천만 원 이상으로 올랐다.

욜로족은 티끌 모아 태산은커녕 '티끌 모아 티끌'이라며 저축이나 투자를 게을리했다. 그러는 사이에 티끌(월급)은 그대로인데 태산이 두 배 더 높아진 것이다. 엎친 데 덮친 격으로 매매가만 오른 것이 아니고 전세와 월세 모두 상승했다.

결국 주거의 질을 유지하면서는 욜로를 할 수 없을 지경에 이르렀다. 주거비용을 더 부담하거나 주거비용을 유지하려면 직장에서 더 먼 곳으로 가야 하는 상황에 직면하게 되었다. 통근에 쓰는 시간이 많아질수록 삶의 질, 행복에는 악영향을 미친다. 행복을 위해 추구했던 욜로가 오히려 행복을 저해하는 결과가 된 것이다.

파이어족 흉내 내다 초가삼간 태운다

파이어FIRE족은 'Financial Independence Retire Early'의 준말이다. 최대한 빨리 경제적인 자유를 달성해 일찍 은퇴하는 것을 목표로 삼은 이들을 말한다. 빠른 은퇴를 위해 현재의 소비를 절제한다는 점에서 욜로족과 대비된다.

그러나 파이어족 역시 빠른 은퇴를 통해 인생의 2막을 온전히 즐기겠다는 게 핵심이다. 즐거움을 누리는 시기를 다소 뒤로 미뤘을 뿐 일에 매몰되지 않고 삶을 즐기겠다는 욜로의 취지와 일맥상통한다고도 볼 수 있다. 욜로족의 모습이 다양한 것처럼 파이어족의 모습도 다양하다.

소득을 절약하여 관리 가능한 수준으로 투자하는 파이어족의 경우 특별한 문제가 없다. 문제는 위험성이나 지나친 변동성은 충분히 고려하지 않고 비트코인 등 가상자산에 묻지마 투자를 하는 경우이다. 빨리 돈을 벌기 위해 무리한 투자를 하고, 이로 인해 자신의 삶이 모두 무너지는 경우가 적지 않다.

특출나게 고소득을 올리는 사람이 아니라면 애당초 임금을 절약해서 일찍 은퇴할 정도의 자산을 형성하기 어렵다. 그러다 보니 파이어족은 많은 경우 고위험 고수익 투자에 눈을 돌린다. 경제적 자유를 추구하는 것은 좋지만, 지나치게 서두르면 결국 일도 투자도 그르치게 될 가능성이 크다.

언론은 앞다퉈 가상자산, 주식, 부동산 등에 투자하여 큰돈을 번 파이어족을 소개한다. 그러나 실패한 다수의 사람은 언론에 등장하지 않는다. 성공한 파이어족은 마치 자신이 투자 고수인 양, 엄청난 절약과 투자를 통해 부자가 된 양 수 많은 말을 늘어놓지만, 자세히 뜯어보면 운 좋은 투기꾼에 불과한 경우가 많다.

실제 성공한 파이어족도 아니면서 파이어족 코스프레를 하는 경우도 적지 않다. 이들은 자신의 성공을 과장하여 책이나 유튜브 채널을 홍보하려는 목적으로 파이어족을 자칭하는 것에 불과하다.

한편, 언론에 소개된 파이어족 성공 사례 중에서도, 과장이나 홍보라고 단정할 수는 없더라도, 자세히 살펴보면 단지 하는 일의 종류나 형태만 바뀌었을 뿐 은퇴를 했다고 보기 어려운 경우도 많다.

애당초 100세 시대에 모두가 40세에 은퇴하는 것은 불가능하다. 미래는 불안하고 하루하루는 힘들다. 그래서 이른 은퇴를 꿈꾸는 마음은 누구나 공감할 수 있을 것이다. 그러나 비현실적인 고수익을 올려 빠른 은퇴를 하겠다는 것은 허황된 꿈일 뿐, 계획이라고 할 수 없다. 노력이 결여된 허황된 꿈은 대체로 잘 이뤄지지 않는다.

성공의 피라미드 다양해져야

욜로와 파이어족은 모두 좌절과 불만의 산물이다. 자기 일에 만족하는 사람은 무리하게 돈을 쓰면서 여가 시간을 보내거나 빠른 은퇴에 집착하지 않는다. 어쩌면 욜로와 파이어족은 일을 그만둘 수는 없는 불만족스러운 상황에서 스스로를 지키고자 하는 '소극적 반항'의 한 형태인지도 모른다.

고수익을 올린 파이어족의 사례가 언론에 연일 보도되고 있다. 이런 보도로 인해 성실하게 살아가는 직장인 대부분이 근로 의욕을 잃을까 걱정하는 목소리가 크다. 그렇지 않아도 부동산 폭등으로 순식간에 벼락거지가 된 직장인들의 근로 의욕은 바닥을 기고 있으니 말이다.

누구든지, 언제든지 자신의 수익률을 온라인에 자랑할 수 있는 시대다. 언론에 고수익을 올린 사례를 보도하라 마라 할 수도 없다. 물론 묻지마 투자로 피해를 보는 일은 줄여야 하고, 코인투자 등에 관해 투자자 보호제도가 완비되는 것도 필요하다. 그러나 더욱 근본적인 해법이 있어야 한다.

당연한 이야기일 수 있지만, 근본 해법은 최대한 각자가 자기가 만족할 만한 일을 하는 것이다. 단순히 급여가 많고 적음을 말하는 것은 아니다. 물론 임금 수준도 중요하겠으나, 종합적으로 자신의 직업이 고통스럽지 않아야 한다. '신의 직장'이라고 불리는 몇 곳을 제외하고는 업무의 수준, 조직문화 등 개선할 점이 적지 않을 것이다.

성공의 기준과 방법을 다양화하는 것도 매우 중요하다. 대다수가 전문직, 대기업, 공공기관 등 공부로 승부하는 비슷한 목표를 위해 달리다가 누군가는 경쟁에서 승리해 상층부로 가고 누군가는 하층부로 간다면, 하층부로 간 사람이 자기 처지에 만족하기란 쉽지 않다. 달리 적성을 발견하지 못해 자기가 원하지도 않는 일을 하고 있으면 더욱 그럴 것이다.

몇 년 전 화제가 됐던 드라마 〈스카이캐슬〉에는 아버지가 집에 큰 피라미드를 갖다 놓고 두 아들에게 성공을 강요하는 장면이 나온다. 아버지가 생각했던 피라미드는 단 하나다. 공부 잘해서 좋은 대학에 가고, 졸업 후엔 고소득 직업을 얻고, 그 후엔 사회적 기득권이 돼 명예와 권력, 부를 한 손에 쥐는 것이다.

하지만 '성공의 피라미드'가 단 하나뿐인 사회에서는 다수가 행복할 수 없다. 궁극적인 해결책은 각 개인이 꿈꾸는 '성공의 피라미드'가 다양해지는 것이다. 그렇기에 국가가 할 일은 다양성을 존중하는 교육을 통해 최대한 다양한 인재를 길러내는 것이다. 기업가 정신, 도전정신을 가지고 맨땅에 직접 피라미드를 만들겠다는 사람들이 더 많이 나올 수 있는 여건을 만들어야 한다. 그래야만 회사는 억지로 다니면서 욜로, 파이어족을 외치는 국민을 조금이나마 줄일 수 있을 것이다.

3부

꼰대 갈등의 주요 지점들

1

정년연장과 정규직 전환

80년대 낀대

누구만 좋으라고?

정년연장과 정규직 전환이 이뤄지면 근로자와 노동조합 모두에게 좋다. 근로자들이 혜택을 보니 좋은 게 좋은 것 아니냐는 시각이 있을 수도 있지만, 이는 그리 간단한 문제가 아니다. 특히 정년연장과 정규직 전환에는 노동조합을 둘러싼 여러 정치적 이해관계가 존재한다. 그러므로 이번 장에선 일반 근로자보다는 노조에 집중해 이 문제를 따져보자.

정년연장부터 살펴보면, 민주노총이 먼저 정년연장의 깃발을 들었다. 한국 완성차 3사 노조는 2021년 3월 '정년 65세 법제화'를 국회에 요구했다. 그러자 2021년 6월 청와대 국민청원 게시판에는 '완성차 3개사 정년연장 법제화 청원에 반대합니다'라는 제목의 청원이 등장했다. 본인을 완성차 업체에서 근무 중인 MZ세대 현장직 사원이라고 밝힌 청원인은, "젊은 세대를 생각하지 않고 산업의 장기적 관점보다는 단기적 관점으로 추진하는 (완성차) 3개사 정년연장 입법 청원에 반대"한다고 주장했다.

단적으로 이 청원만 보더라도 민주노총이 주장하는 정년연장이 노동자들 사이에서도 논란이 있는 이슈임을 알 수 있다. 위 청원인은 기업 간 인력경쟁이 이슈인 만큼 숙련된 노동자도 중요하지만 적절한 시기에 변화된 시대에 맞춰 대응할 수 있는 인재공급이 필요하다고 주장했다. 그러면서 정년연장을 하게 된다면 청년실업을 더 야기하는 방향으로 흘러갈 것이라고 우려했다.

역설적으로 청원인의 주장을 곰곰이 살펴보면 왜 노동조합에 정년연장이 필요한지 알 수 있다. 그 이유는 MZ세대 근로자가 586세대 노동자와 다르기 때문이다. MZ세대는 일단 본인들이 정년까지 한 회사를 다닐 거라고 생각하지 않는다. 더욱이 노동조합의 통제에도 잘 따르지 않는다. 노동조합의 존립 기반은 노동자의 견고한 지지인데, 이를 MZ세대에겐 기대하기 어렵다는 것이다.

그렇다 보니 현재의 노동조합 입장에서는 기존 조합원을 지켜야 할 필요성이 크다. 2021년 6월 기준으로 현대차 영업직 31%가 5

년 이내에 정년퇴직할 예정이라고 한다. 회사는 인터넷을 통한 차량 판매 등을 이유로 영업직을 '자연 감소' 시킬 계획이 있다.[1] 결국 지금의 노조원이 줄어들 수밖에 없다. 그것도 아주 큰 폭으로. 노조원이 준다는 것은 노동조합의 힘이 약해진다는 뜻이다. 이것이 정년연장을 강하게 밀어붙이는 이유 중 하나다.

정규직 전환도 노동조합과 밀접한 상관관계가 있다. 2017년 문재인 대통령이 인천국제공항공사를 방문하면서부터 비정규직 근로자의 정규직 전환과 관련해 갈등이 커지기 시작했다. 근로자의 고용 안정과 동일노동 동일임금, 열악한 처우 개선 등은 장기적으로 꼭 해결해야 할 문제이지만, 급격한 정규직 전환은 여러 문제를 낳는다. 뒤에서 자세히 살펴보겠지만 정부의 급격한 정규직 전환 시도는 채용과정의 공정성 시비, 청년 취업의 기회 박탈 등의 부작용이 생겼다.

이를 노동조합 측에서 보면, 비정규직의 정규직 전환이 매우 반가울 수밖에 없다. 조합원 수가 즉각 늘어나거나, 적어도 잠재적인 조합원 증가 효과를 볼 수 있기 때문이다. 갓 정규직 전환된 근로자들 측면에서도 노동조합은 필요하다. 업무 내용과 복리후생 등 회사 측과 대립하게 될 가능성도 높고, 기존 직원들과의 마찰도 있을

---

1 '현대차 판매직 31% 5년 내 정년… 노조, 64세로 연장을', 중앙일보, 2021. 6. 8.

수 있다. 이 같은 상황을 잘 알기 때문에 노동조합은 비정규직의 정규직 전환을 지지할 수밖에 없다.

그렇다고 모든 노동조합이 비정규직의 정규직 전환을 반기는 것은 아니다. 일감의 변동성이 있고, 그에 따른 해고 가능성이 높은 사기업의 경우 정규직 근로자들이 별도의 비정규직이 있기를 바라는 경우도 적지 않다. 해고 필요성이 있더라도 비정규직이 먼저 타격을 입기 때문이다. 그러나 고용안정성이 높은 공공기관 노동조합의 경우에는 상대적으로 정규직 전환을 반대할 이유가 적고, 조합원이 늘어난다는 이점이 더 크게 다가온다.

정년연장, 정규직 전환에 낀 낀대

회사생활의 만족도엔 다양한 요소들이 영향을 미친다. 구내식당 밥이 맛있는지도 중요하고, 사업장이 얼마나 쾌적한지, 복리후생은 어떤지도 중요하다. 함께 일하는 사람들과의 관계 역시 빼놓을 수 없다. 그중에서도 가장 중요한 것은 '월급'과 '승진'이다. 정년연장과 정규직 전환은 월급과 승진 모두에 영향을 끼칠 가능성이 높다.

어느 회사든 인건비를 무제한 쓸 수 있는 곳은 없다. 기업 대부분이 연공서열식 임금 체계를 택하고 있는 우리나라에서 유의미한 임금피크제 등의 도입이 없다면 근로자의 생산성과 인건비가 따로

놓게 된다. 생산성이 낮은 오래 일한 근로자에게 높은 임금이 지급되면 자연스럽게 '생산성이 높은 젊은 근로자'는 정당한 임금을 받지 못하게 될 위험이 커진다.

이처럼 연공서열식 임금 체계와 정년연장의 조합은 낀대의 임금에 악영향을 미칠 가능성이 크다. 정년연장이 실제 낀대의 임금에 미치는 영향이 제한적이라 해도, 낀대는 생산성에 비해 과도한 연봉을 받는 윗세대를 보면서 상대적 박탈감을 느낄 수 있다. 어쩌면 상대적 박탈감이나 불공정성에 대한 불만이 근로 의욕을 떨어뜨린다는 측면에서는 더 문제일지도 모른다.

당장 A라는 한 중견기업의 사례를 보자. 몇 년 전 이 기업은 정부 방침에 따라 정년이 만 55세에서 60세로 연장됐다. 회사를 다닐 수 있는 기간이 갑자기 5년이나 늘어나면서 정년연장 당시 은퇴를 준비하고 있던 연령대는 쾌재를 불렀다. 고령화 시대에 회사를 더 다닐 수 있게 해준다니, 좋은 일이라고 생각할 수 있지만, 이는 받아들이는 사람에 따라 이해관계가 다를 수 있다.

이 회사에서 급작스러운 정년연장의 혜택을 본 것은 다름 아닌 586세대다. 정년이 늘면서 회사를 오래 다닐 수 있게 됐고, 이들이 조직 간부로 재직하는 기간도 길어졌다. 자연스럽게 바로 아래 세대인 낀대는 승진 연차가 그만큼 더 길어졌다. 586 세대의 선배들과 비교해보면 부장 직급을 다는 데 정년이 연장된 기간만큼 늦어진 것이다.

꼰대도 결국 정년이 연장됐으니 좋은 것 아니냐고 하지만 꼭 그렇지만은 않다. 임금피크제를 적용해도 대부분 정년 2~3년을 앞두고 시작되기 때문에 이들의 고임금은 회사 입장에서는 부담이 된다. 특히 호봉제 성격이 강한 한국의 임금 제도 아래 간부급 노동자들의 층위가 두터울수록 신입사원 채용은 어렵다. 꼰대 입장에선 차라리 586세대가 빨리 은퇴한 뒤 자신이 그 자리를 채우길 바라며, 이들이 한 명 은퇴하면 그 돈으로 신입사원 세 명은 고용할 수 있을 것이란 생각을 하게 된다.

정규직 전환의 경우도 비슷하다. 특히 공공기관의 경우 임금총량제를 따르기 때문에 근로자의 급여로 쓸 수 있는 예산이 정해져 있다. 그런 상황에서 충분한 예산 확보 없이 정규직 전환이 될 경우 기존에 근무하던 근로자들의 처우에 악영향이 있을 수 있다.

이처럼 정년연장과 정규직 전환 모두 급여, 승진, 인사적체에 영향을 미친다. 가뜩이나 우리 사회의 성장이 둔화되면서 586세대와 달리 꼰대는 빠른 승진을 기대하기 힘든 상황이다. 이러한 상황에서 정년연장으로 인해, 정규직 전환으로 인해 신입사원 신규채용이 줄어드는 경우 승진도 승진이지만 꼰대가 조직 내에서 담당하는 역할이 정체될 위험이 크다.

특히 정년연장과 관련하여, 586 이하 세대의 급여 하락이나 인사적체를 최소화하기 위해서는 연공서열식 임금체계의 개편이 필요하다. 단순히 정년연장 때문만이 아니더라도 평생직장이라는 개념이 사라지는 요즘 연공서열식 임금체계는 현실에 맞지 않다.

정년연장, 사회적 대타협을 넘어

정년연장 논의는 정년을 채울 수 있는 소수의 정규직 노동자에 관한 논의라는 것을 먼저 짚고 넘어가자. 최근 긱 경제Geek Economy[2]가 일반화되면서 65세가 훌쩍 넘어서도 배달 앱을 통해 배달 일을 하는 경우가 드물지 않다. 정규직과 비정규직의 경계가 흐려지고, 프리랜서가 늘어나며, 평생직장 개념이 사라지는 시대에 정규직 정년연장 논의는 그 적용 범위가 제한적일 수밖에 없다.

정년연장을 본격적으로 논의하기 전에, 기존 60세 정년 제도는 실효성이 있었는지 살펴보자. 앞서 살펴본 A 중견기업은 그마나 근로자의 안정성이 충분히 보장된 회사다. 우리나라의 평균 퇴직 연령은 50세에도 미치지 못하고 있기 때문이다. 2021년 5월, 통계청의 '경제활동인구조사 고령층 부가조사 결과'에 따르면, 가장 오래 근무한 일자리에서 그만둘 당시 평균 연령은 '49.3세'로 나타났다.[3]

정년을 채울 수 있는 안정적인 직장, 정규직 노동자가 그만큼

2 주로 플랫폼을 통해 이뤄지는 초단기 계약직 인력을 이용한 경제활동
3 '[분석] 정년연장, 청년 일자리 뺏는다? 쟁점 총정리', NEWSTOF, 2021. 10. 1. 참고

적다는 이야기다. 한림대학교 석재은, 이기주 교수의 논문 「베이비붐 세대와 정년연장 혜택의 귀착」(2014)에서는 베이비붐 세대 중에서 정년연장 혜택을 받을 수 있는 비율을 '11.4%'로 추정했다. 그러면서 고학력일수록, 여성 근로자에 비해 남성 근로자의 경우 정규직 생존확률이 높았으며, 공공 및 정부 기관 종사자가 민간기업 종사자에 비해 정규직 생존확률이 높다고 분석했다.

이어 민간기업 중에는 100인 이상 규모의 기업, 노동조합이 조직되어 있는 기업에 근무하는 경우 정규직 생존확률이 높다고 한다. 이러한 결과는 정년연장 혜택이 안정적 고용집단인 특정 계층에게 집중되는 계층화 효과를 보여주는 것이며, 이는 격차 확대 위험을 시사하고, 청년층이 선호하는 괜찮은 일자리에서의 일자리 경쟁과 세대갈등 가능성을 시사한다는 것이 위 논문의 주장이다.

주변만 둘러봐도, 공무원 또는 노동조합의 강한 보호를 받는 생산직 정규직 근로자 등이 아니라면 정년연장의 혜택을 보기 어렵다는 것은 어렵지 않게 알 수 있다. 정년연장의 적용 대상이 그리 많지 않고 그 혜택이 일부에 집중됨에도 반드시 정년연장이 필요한 것인가.

유례없는 저출산을 근거로 정년연장이 반드시 필요하다는 견해가 있다. 인구학자인 서울대학교 보건대학원 조영태 교수는 언론을 통해 "올해 대학에 입학한 2002년생들이 노동시장에 진입하는 시기인 2027년경이면 우리나라도 기업이 일할 사람을 구할 수 없는 현실에 직면할 수 있다"며, "정년연장을 지금부터 준비해야 하는 이유"라고 경고했다.[4]

반면, 마찬가지로 인구학자인 서울대 경제학부 이철희 교수는 "2019년 성별·연령별·학력별 경제활동 비율을 기준으로 노동인구 변화를 시뮬레이션해본 결과, 앞으로 20년 동안은 경제활동인구 자체가 크게 줄지 않는 것으로 나타났다"고 주장한다. 그러면서 여성과 장년층의 경제활동 비율 증가, 고학력화의 심화 등을 근거로 든다.[5]

정년연장이 필요하다고 해도, 앞서 말했듯이 연공서열식 임금체계를 그대로 두고 정년연장을 하는 형태는 지속 가능하다고 보기 어렵다. 정책연구원 한요셉이 2019년도에 출간한 『60세 정년 의무화의 영향: 청년 고용에 미치는 영향을 중심으로』에서는 "정년연장으로 인한 노동비용 상승의 부담을 피하기 위한 선제적 고령 고용 감소"가 관찰됐다고 한다.

정년연장 논의를 계기로 임금체계 전반을 개선할 필요성이 있다. 한국에서 연공서열식 임금체계를 바꾸는 것은 간단치 않다. 결국 노, 사, 정 사회적 대타협이 필요한 부분이다. 사회적 대타협의 예

---

4 '인구절벽 10년이 골든타임… 정년연장 당장 준비해야', 뉴스1, 2021. 7. 3. 참고
5 '일 잘하고 건강한 고령자 시대… 정년연장보다 인력 재배치를', 매일경제, 2021. 9. 26. 참고

로 스웨덴의 살트셰바덴 협약, 독일의 하르츠 개혁, 네덜란드의 바세나르 협약 등을 든다.

외국의 예를 국내에 바로 적용하거나 이식하기는 어려운 점이 적지 않다. 변화가 빠른 한국 사회이니만큼 현실에 맞는 방안을 우리만의 방식으로 찾아내야 한다. 찾아내지 못하면 준비 없이 변화를 맞을 수밖에 없다.

2

MZ노조의 시대

70년대 낀대

벼랑 끝에 몰린 MZ노조

2021년 8월 15일 서울교통공사에서는 MZ세대 400여 명을 주축으로 올바른노조가 출범했다. 노조원의 90% 이상이 20, 30세대로 대표적인 MZ노조다. 위원장은 입사한 지 3년 된 송시영 씨다. 이들은 '공정'을 핵심 가치로 내세우고 탈정치를 선언했다. 그러면서 노동자 본연의 목소리에 집중하겠다고 밝혔다. 그러자 기존 노조원들로부터 원성이 터져 나왔다. 공사는 전체 임직원(1만 6,860명) 중 65%가 민주노총 소속 조합원이다.

처음 MZ노조가 만들어질 때는 왜 굳이 노동자를 분열시키느냐는 지적이 많았다고 한다. 일부에선 "너희가 아직 어려서 그런다"며 '꼰대 라떼'를 시전하는 이들도 더러 있었다. 그러나 노조 설립이 가시화되자 노골적으로 불만을 쏟아내는 이들이 생겨났다. "태극기 부대 같은 놈" "너희 친일파 집안이지?"와 같은 격앙된 반응이 대부분이었다고 한다. 송 위원장의 이야길 들어보자.

"응원 목소리도 있었지만, '변태 일베', '사측의 개'라는 표현부터 차마 입에 담을 수 없는 모욕적 언사까지 많이 들었습니다. 우리 세대의 목소리를 내려고 했을 뿐인데, 이렇게 욕먹을 일인가 싶었죠. 요즘 젊은이들은 노조에 대해 잘 모릅니다. 저 역시 원래는 노조의 '노' 자도 몰랐죠. 2019년 입사 때까지 그저 평범한 공시생이었으니까요. 서너 시간 자면서 공부만 했고 자격증 네 개를 땄습니다. 젊은 노조원 대부분이 그렇죠."

모범생에서 모두가 부러워하는 공기업 직원이 된 400여 명의 젊은 직원들이 새로운 노조를 만든 이유는 무엇일까. 이들은 공정을 이야기했다. 보통 공기업에 합격하려면 준비 기간이 2~3년은 걸린다. 웬만한 고시 공부 못지않다. 길게는 5년씩 걸리는 사람도 많다. 그렇게 힘들게 입사했더니 MZ세대 입장에서 이해하기 힘든 일이 많았다. 불공정한 정규직 전환, 친인척 채용 비리 등이 대표적이다.

실제로 감사원에 따르면 서울교통공사는 2018년 3월 무기계약직 1,285명을 정규직으로 일괄 전환했다. 이중 192명이 기존 직원의 친인척인 것으로 밝혀졌다. 친인척 직원의 추천을 받아 면접처럼 간소한 절차만 거치거나, 사망 직원의 유가족이란 이유로 평가 과정 없이 채용됐다. 감사원은 "일반직과 같은 공개경쟁을 통하지 않고 부적격자인 경우도 상당수 포함돼 있다"고 지적했다.

지방공기업법(63조)은 이처럼 부당한 친인척 채용과 공개경쟁을 치르지 않는 편법 입사를 엄격히 금지한다. 법에 따르면 "공사의 직원은 시험성적, 근무성적, 그 밖의 능력 실증에 따라 임용"하고 "직원을 채용할 때는 공개경쟁시험 채용을 원칙"으로 해야 한다. 아울러 "임직원의 가족이거나 이해관계가 있는 등 공정성을 해칠 우려가 있는 사람"을 우대해선 안 된다.

올바른노조의 주장은 "무분별한 정규직 전환은 이 법에 위배된다"는 것이다. 이들 입장에서는 공개경쟁시험이라는 원칙을 적용하지 않고, 곧바로 정규직 전환된 이들이 불공정해 보일 수밖에 없다. 밤낮없이 열심히 공부해도 취업하기 힘든 세상인데, 누군가는 친인척 잘 만나고 또 운이 좋아 원칙 없이 정규직화되는 건 잘못이란 이야기다. 송 위원장은 "새로운 노조 설립에 많은 젊은이가 공감했고, 누군가는 해야 될 일이라 나섰다"고 했다.

그의 이야기를 조금 더 들어보자. "요즘 취업이 얼마나 어려운지 기성세대는 모릅니다. 열심히 공부해도 취업 문 자체가 좁다 보니 경쟁이 치열하죠. 이런 상황에서 누군가 편법을 쓰거나 혜택을 받는다는 건 젊은 세대 입장에선 받아들이기 힘듭니다. 원칙과 절차에 맞는 투명한 경쟁이어야만 결과에 승복할 수 있죠. 오히려 불공정에 둔감한 게 이상한 것 아닌가요."

현재 서울교통공사의 재무 상황은 좋지 않다. 가뜩이나 고령자 무임승차 등으로 적자투성이인 상황에서 코로나19의 여파로 지하철 이용객이 줄었다. 2020년 당기순손실은 1조 1,140억 원을 기록했다. 전년도에 비해 두 배나 늘었다. 적자 폭이 커지다 보니 사측에선 전체 직원 1만 6,500명의 10%가량을 줄이겠다며 인력 구조조정안을 내놨다. 이런 상황에서 정규직 전환이 있었기 때문에 젊은 세대의 분노가 더욱 큰 것이었다.

사실 정규직화 정책은 문재인 정부의 중요한 고용·노동 공약이었다. 앞서 인천국제공항 사태도 비슷한 맥락이었다. 공기업 대부분이 비슷한 문제를 안고 있다. 건강보험공단도 젊은 세대를 중심으로 직고용·자회사·직영화·소속기관화 반대 운동을 펼치고 있다. 무리한 정규직화 정책으로 청년들의 설 자리가 좁아진다는 이유에서다. 공기업의 특성상 전체 정원과 임금총액은 정해져 있고 갑작스럽게 정규직을 늘리게 되면 청년 채용은 줄어들 수밖에 없다. 청년들이, MZ세대가 노조까지 결성하며 나선 데는 이 같은 절박함이 배경에 깔려 있다.

2030 노조의 탈정치 선언

MZ노조의 또 다른 특징은 '탈정치'다. 2021년 7월 서울교통공사 안에 기존 노조가 한미연합훈련을 반대하는 포스터를 역사 곳곳에 붙였다고 한다. 당시 젊은 직원들은 역사 안에서 이런 걸 왜 붙이냐고 항의하는 승객들을 많이 봤다고 한다. 이때 송 위원장은 승강장과 대합실에 붙은 포스터를 떼러 다니면서 노조가 왜 정치적 행보를 보이는지 의아했다고 한다. "노조가 노동자 본연의 임무에 집중해도 모자랄 판에 왜 우리와 상관없는 정치적 행동을 하는지 백번 천번 이해하려 해도 이해가 되지 않는다"고 했다.

노조의 정치화는 한국 노동운동의 오랜 특징이다. 과거 노동운동이 민주화운동과 궤를 같이 할 때는 노조의 정치적 행동에 명분이 있었다. 그러나 운동으로서 민주화가 끝나고, 제도로서의 민주주의가 정착돼가는 마당에 아직도 전투적인 정치 행동을 보이는 것은 시대정신에 어긋난다. 이런 강성노조를 주도하는 것은 역시나 586세대다. 특유의 운동 네트워크과 결집 역량으로 노조의 정치화를 앞장서서 이끌고 있다.

MZ노조는 이런 흐름에 반대한다. 특히 생산직이 노조의 중심인 제조업계에서도 MZ세대가 주도하는 사무직 노조가 생겨나고 있다. 이들은 대체로 민주노총 등 거대 노조 활동에 대한 불만에서 시작됐다. 정치적 편향성을 지양하며 노동자 권익이라는 본질에 집중한다. 2021년 2월 LG전자 사람중심 사무직 노조, 4월 현대자동차 그룹 인재존중 사무연구직 노조와 금호타이어 사무직 노조 등이 연이어 출범했다.

교육계에서도 젊은 교사 중심의 MZ노조가 나오고 있다. 2021년 3월 출범한 초등교사노조의 정온 위원장은 "3천 5백 명의 조합원 중 20, 30대가 대략 70%"라고 밝혔다. 과거 젊은 교사들의 대부분이 전교조를 택했던 것과는 다른 양상이다.

그렇다면 젊은 교사들은 왜 전교조로 가지 않는가. 정 위원장은 "현대 사회의 공교육은 정확한 지식과 적합한 교육 방법론을 통해 이뤄져야 한다, 교육 전문가로서 역할과 권익을 보호하는 게 우리 노조의 목표"라고 말한다. 교사관은 관점에 따라 성직관, 전문직관, 노동직관으로 나뉘는데, 20, 30 교사들은 전문직관이 뚜렷하다. 과거처럼 교사를 제2의 부모처럼 생각해 희생을 강요하지 않으며, 그렇다고 교사를 그냥 노동자로만 보지도 않는 것이다.

그렇기에 과거 전교조가 보여온 정치적 행동에도 찬성하지 않는다. 정 위원장은 "교육과 직접 관련된 이슈라면 정치적 목소리를 낼 수 있지만, 교육과 무관한 이슈라면 우리가 정치적 목소리를 낼 필요가 없다"고 말한다. 전교조가 교육과 직접 연관돼 있지 않더라도 투쟁과 파업을 벌여온 것과 대조된다. 그 때문에 전교조 이외의 새로운 노조가 각광받고 있다.

이렇게 탈이념을 내세우는 MZ노조는 민주노총·전교조 등이 보이는 정치적 집단행동과 거리가 멀다. 초등교사노조가 속해 있는 교사노동조합연맹(교사노조연맹)도 비슷하다. 교사노조연맹은 분권화된 여러 노조가 함께 모여 있는 연합단체다. 2016년 전교조 출신 80여 명이 전교조의 정파성과 비민주성을 비판하며 창립한 서울교사노조를 시작으로 지역별 노조가 만들어졌고, 이들이 모여 2017년 교사노조연맹을 출범했다.

교사노조연맹은 일상과 먼 거대 이슈보다는 생활밀착형 이슈에 집중한다. 독립적인 여러 노조의 의견을 반영하는 실용적 연합체로 중앙집권보다는 분권형 의사결정을 내린다. 그 때문에 정치적 목소리를 강하게 내세우기보다 행정업무 경감, 수당제도 개선 등 현장 의견에 집중한다. 학생 앨범 제작 개선안 등 기존의 노동운동 주도 세력들이 보기엔 미시적인 이슈들이 큰 호응을 받는다.

교사노조연맹은 출범한 지 몇 년 되지 않았지만, 회원 수가 벌써 3만 6천 명이다. 조합원 수가 약 4만 5천 명 정도로 추정되는 전교조의 턱밑까지 쫓아왔다. 교사노조연맹에 따르면 서울, 경기 등 수도권에선 이미 교사노조연맹의 회원 수가 전교조와 같거나 앞질렀다고 한다. 교사노조연맹의 장경주 대변인은 "전교조는 50대가 주축이지만 우리는 절반 이상이 20, 30대"라며 "전교조에 공감하지 못하는 젊은 세대가 교사노조로 온다"고 설명했다.

김달효 동아대 교수의 논문 「중등 교원양성기관 학생들의 교원단체에 관한 인식 분석」(2016)에 따르면 교육대학원생들은 전교조에 가입하지 않으려는 첫 번째 이유로 "너무 급진적이거나 정치적인 경향이 있기 때문"(44.8%)이라고 밝혔다. 또 다른 교원단체인 한국교총에 대해서는 같은 질문에 "잘 모르기 때문"(47.6%)이라고 답했다. 김 교수는 "(예비 교사들 중) 교원단체에 가입하지 않으려는 비율이 다수를 차지한다"고 설명했다.

이처럼 MZ노조의 가장 큰 특징 중 하나는 유연성이다. 원하는 것은 똑 부러지게 요구하되, 회사의 안이라도 합리적이면 '쿨'하게 수긍하는 열린 자세를 갖고 있다. 그렇기 때문에 젊은 세대는 투쟁과 총파업 등을 내세우는 강성 노조에 부담을 느낀다. 앞서 살펴본 서울교통공사의 올바른노조나 초등교사노조, 교사노조연맹 등의 사례처럼 생활형 이슈에 집중하고 거대 이념과 담론은 멀리한다. 그렇다 보니 강경 투쟁할 일도 적다.

반대로 586세대가 주도해온 그동안의 노조 활동은 강성 이미지가 컸다. 사측과 원만한 합의도 드물었다. 2019년 세계경제포럼 WEF의 노사 협력 지표에 따르면 한국은 130위다. 이웃 나라인 일본(5위) · 대만(12위) 등에 크게 뒤처진다. 대신 브라질(128위)·남아프리카공화국(139위)과 비슷하다. 공통점은 세 나라 모두 뒤늦은 민주화와 함께 전투적 노동운동을 겪었다는 점이다.

3

연금 개혁의 폭탄 돌리기

70년대 낀대

국민연금은 다단계 사기

국민연금은 사회보험의 일종으로 국가가 책임진다는 측면에서 안정성이 높다. 선진국에서 정부 주도로 단일기관이 연금을 운영하는 나라는 한국과 일본, 싱가포르, 노르웨이 등 동아시아나 북유럽 국가에 몰려 있다. 특히 한국과 일본만이 국민연금을 이용해 주식 투자를 한다는 점에서 국가 주도 경제의 특징을 보인다. 싱가포르와 노르웨이 등은 국부펀드를 운용한다.

취지는 좋다. 국민연금이 주식에 투자해 돈을 벌고, 그 수익으로 국민에게 지급할 연금의 일부를 충당하기 때문이다. 그런데 문제는 지금과 같은 연금 시스템은 국가가 공인한 다단계 사기라는 점이다. 정부가 다단계 사기를 친다고? 그게 말이 되느냐는 사람도 있겠지만, 위법성만 없을 뿐 그 내용을 뜯어보면 윗돌 빼서 아랫돌 괴기, 미래 세대 등쳐먹기와 다름 아니다. 왜 그런지 살펴보자.

처음 국민연금이 도입된 것은 1988년이다. 1986년 해당법이 제정된 뒤 일사천리로 시행됐다. 그러나 도입 초기 국민연금은 인기가 높지 않았다. 당시만 해도 오늘 하루 먹고사는 데 급급했기 때문이다. 여느 개발도상국처럼 연금제도의 필요성을 국민에게 납득시키고 제도를 실시하는 게 어려웠다. 하지만 정부 입장에선 평균수명이 늘어나고 고령 부모의 자녀 부양 부담이 커지는 상황을 손 놓고 볼 수만은 없었다. 그 때문에 처음부터 지속 불가능한 연금 설계로 가입자들을 늘렸다.

도입 당시 정부는 소득대체율 70%, 보험료 3%를 내세웠다. 제도 시행에 따른 국민적 저항을 줄이기 위해 말도 안 되는 혜택을 내준 것이다. 물론 당시 정부 입장에선 해명할 거리가 많다. 세계대전이 끝나고 서구 국가들도 유례없는 경제호황을 누리며 소득대체율을 급격히 늘렸기 때문이다.

사실 1940년대 이전만 해도 유럽의 모든 공적연금의 소득대체율은 20%대를 넘지 않았다. 그러나 급격한 출산율 증가로 베이비부머들이 위 세대를 떠받치는 인구구조가 만들어졌고, 국가 대부분이 경제 발전의 혜택을 나누면서 소득대체율을 70%까지 올렸다. 물론 그때는 지금보다 평균수명이 낮았기 때문에 연금 개시 후 생존 기간도 그만큼 짧았다. 이렇게 경제활동인구가 두터운 인구구조와 경제 발전이 계속될 것이라는 허황된 믿음 속에 연금 혜택을 한껏 키웠다.

한국도 마찬가지다. 1980년대 경제는 매년 두 자릿수 성장을 기록했고, 전쟁 후 태어난 베이비부머 세대들이 경제 발전의 역군이 됐다. 유럽 국가들보다 평균수명도 낮았으며 호황은 계속되리라 낙관했다. 그렇다 보니 보험료 3%, 소득대체율 70%라는 말도 안 되는 연금 공식이 나온 것이다.

물론 이를 바로잡기 위한 노력이 없던 것은 아니다. 1990년대와 2000년대 두 차례의 개혁을 통해 보험료 9%, 소득대체율 40%로 조정했다. 도입 당시와 비교하면 혜택이 엄청나게 줄어든 것 같지만, 사실 이것만으로도 가입자 입장에선 매우 큰 이득임을 부정할 수 없다. 주식 투자로 대박나지 않는 이상 이 정도 수익률을 안겨줄 만한 일반 금융 상품은 존재하지 않기 때문이다.

적게 내고 많이 받는 구조다 보니 연금 재정은 밑 빠진 독에 물 붓기다. 왜 그런지 따져보자. 2018년 국민연금 재정을 추계할 때(4차 재정재계산) 출산율을 1.24~1.38명으로 가정해보니 2065년 생산가능인구 1명이 0.9명의 노인을 부양한다고 예측됐다. 그러나 2020

년 출산율은 0.84명에 불과하며 2021년 0.7명대로 전망된다. 갑작스럽게 출산율이 확 높아져 1.05명이 된다 해도 기금 소진 시기(2057년)의 적자는 124조 원에서 239조 원으로 늘어난다. 여기에 기금운용 수익률이 0.5%포인트 떨어지면 고갈 시기는 2055년으로 앞당겨진다. 만약 1%포인트로 수익률이 더 낮아지면 연금 고갈은 2년 더 빨라진다.

이런 상황을 두고 이창수 한국연금학회장(숭실대 교수)은 "현 연금제도가 일종의 폰지게임(다단계 금융사기) 같아서 후세대한테 계속 부담을 전가한다"고 비판한다. 그는 2021년 6월 열린 연금학회·인구학회 학술대회에서 "프랑스가 고령화 사회(65세 이상이 인구의 7%)에서 초고령 사회(20%)로 가는 데 157년이 걸렸는데 한국은 27년밖에 걸리지 않는다"며 "출산율을 1.05명(2017년)으로 잡는다 해도 생산가능인구 1명이 노인을 한 명 이상(1.05명) 부양해야 하는데, 현실적으로 연금을 감당할 수 있겠느냐"고 말했다.

이 회장의 분석에 따르면 2065년 발생하는 공적연금(국민·공무원·군인·사학 등)의 적자를 메우려면 정부 예산의 22.8%를 써야 한다. 출산율을 1.05명으로 가정할 때는 24%를 부담해야 한다. 그러면서 "2088년에 1경 4천 조~1경 8천조 원(경상가격)의 적자가 쌓이는데, 이것을 미래 세대가 감당할 수 있겠느냐"고 반문했다. 이렇게 되면 미래 어느 시점에선 국민연금 보이콧 현상이 분명 발생하게 될 것이다.

폭탄 돌리는 정치권

앞서 국민연금은 주식 등에 직접 투자해 수익을 낸다고 설명했다. 바로 기금 운용 수익인데, 문제는 적립금이 많아야 수익도 높아진다는 점이다. 반대로 적립금이 적으면 수익금도 쪼그라들 수밖에 없다. 기금 고갈 시기가 닥쳐올수록 내야 할 돈이 많아지는 건 당연한 일이다. 다시 말해 적립금을 모두 쓰고 나면 운용 수익 자체가 발생하지 않기 때문에 오로지 납부된 보험료만으로 연금을 지급해야 한다.

예를 들어 지금은 9%를 내고 40%의 혜택을 받고 있지만, 미래는 30% 이상의 보험료를 납부해야 한다. 보험료가 40%보다 높아지면, 낸 돈보다 받을 돈이 적으므로 연금 제도는 사라진다. 그러므로 우리가 취할 수 있는 방법은 보험료를 높이거나, 소득대체율을 줄이는 것이다. 이외에도 확정급여형과 확정기여형으로 분산하는 등의 방법이 있긴 하지만 본질적인 것은 아니다. 해답은 '더 내고 덜 받는 것'밖에 없다.

하지만 문재인 정부는 아무런 개선책 마련에 착수하지 않았다. 고 노무현 전 대통령은 국민에게 욕을 먹어가면서도 국민연금 개혁을 했다. 그러나 문재인 정부에선 보건복지부가 2018년 4차 재정재계산을 통해 2042년 적자가 시작돼 2057년 기금이 소진된다고 보고했음에도 불구하고 청와대는 그저 손을 놓고 있다. 당시 청와대는 복지부의 안에 대해 '국민 눈높이에 맞지 않는다'며 반려했다.

그 이유는 뭘까. 앞서 말했듯 국민연금 개혁의 본질은 '더 내고 덜 받기'다. 그러나 청와대가 이걸 밀어붙이면 지지율이 떨어질 수밖에 없다. '국민 눈높이에 맞지 않는다'는 것은 바로 이런 의미다. 현재 연금 위기의 본질은 지출에 비해 수입이 턱없이 낮다는 것인데, 지금처럼 적게 내고 많이 받는 방식을 유지하라는 건 그냥 개혁하지 말자는 뜻이다. 아무리 복잡하고 어려운 설명을 갖다 대도 본질은 미래 세대를 등쳐먹자는 것밖에 안 된다.

그렇다면 연금 폭탄 돌리기의 첫 번째 피해자는 누가 될 것인가. 앞서 연금 고갈 시기를 2057년, 적자로 돌아서는 때는 2042년이라고 했다. 이는 출산율을 1.05명으로 가정했을 때다. 그러나 0.7~0.8명대의 현재 출산율이 계속된다면 어떨까. 혹은 출산율이 더욱 떨어지고 고령화 속도가 빨라진다면 무슨 일이 생겨날까. 연금 고갈 시기는 2040년대로, 적자 전환은 2030년대로 앞당겨질 수 있다. 이때는 바로 지금의 낀대들이 은퇴하는 시기와 정확히 맞물린다. 평생을 열심히 연금 부었더니 정작 받을 때 돼서 보니 곳간이 텅텅 비어 있는 것이다.

낀대 이후의 90년대생들은 어떨까. 이들은 이제 막 사회생활을 시작했거나 취업 준비중인 연령대다. 앞서 낀대의 불운한 연금 고갈 상황을 보며 이들은 합리적 판단을 내릴 수밖에 없다. 바로 연금 보이콧이다. 배가 가라앉는 게 뻔히 보이는데 누가 승선하려 하겠는가. 물론 본질적인 제도 개선 없이 찔끔찔끔 다단계 수법을 연장하는 방식으로 90년대생들을 꾀어낼 가능성도 없진 않다. 그러나 현명한 Z세대들은 앞날을 예측할 수 없던 낀대들처럼 쉽게 당하지 않을 가능성이 크다.

그러므로 연금 폭탄 돌리기의 처음이자 가장 큰 피해자는 낀대일 가능성이 크다. 그렇다면 연금 개혁을 지체시킴으로써 가장 큰 수혜를 받는 이들은 누구인가. 물론 초창기에 가입해 수십 년째 연금을 받는 고령자들이 가장 큰 혜택을 받는다는 것은 두말할 나위 없다. 대부분의 제도가 초창기 수혜자에게 유리하므로 어느 정도는 이해할 수 있다.

그러나 실제 보험료를 납부하고 아직 연금 개시가 되지 않은 연령대에서 가장 큰 수혜자는 지금의 50대, 즉 586세대다. 이들은 은퇴까지 몇 년 남지 않았기 때문에 보험료율을 높이는 방향의 연금 개혁이 늦어질수록 이득을 본다. 보험료율을 높이지 않고 몇 년만 잘 버티면, 설사 소득대체율이 조금 낮아진다 해도 어차피 낼 돈은 다 냈기 때문에 크게 손해 볼 일이 없다.

하지만 낀대는 국민연금이 개혁된다는 가정 아래 지금껏 다른 세대는 경험하지 못한 높은 보험료율을 처음 경험하게 될 것이다. 동시에 소득대체율도 낮아질 것이기 때문에 바로 위 세대인 586과 비교해 손익 계산서를 따져보면 상대적으로 억울한 감정이 들 수밖에 없다. 연금 개혁이 늦어질수록 손익의 격차는 더욱 커진다. 이처럼 낀대는 앞서 살펴본 것처럼 소득의 크기, 부동산 구매 등 모든 부분에서 586에 가려 제 몫을 잘 챙겨 먹지 못하는 세대가 돼버렸다.

공무원 폭증에 재정적자 눈덩이

국민연금의 문제가 워낙 심각해서 그렇지 공무원연금도 꽤 골치 아픈 문제다. 그나마 박근혜 전 대통령이 한 차례 손을 보긴 했지만, 아직 갈 길이 멀다. 공무원연금은 이미 2001년부터 세금으로 적자를 보전하고 있다. 즉, 퇴직 공무원에게 연금을 주려고 세금을 투입한다는 뜻이다. 공무원연금의 적자는 2020년 기준 4조 7,709억 원이다. 정부가 세금으로 메우는 보전액은 2001년 599억 원에서 2015년 3조 원으로 늘었다. 2022년에는 4조 원이 넘을 것으로 전망된다.

왜 그럴까. 퇴직 공무원이 많아지고 그만큼 연금 수급자가 늘기 때문이다. 2021년 공무원연금 수급자는 60만 6,782명으로 2020년(56만 2,342명)보다 4만여 명 증가할 것으로 전망된다. 평균수명이 늘어 사망자는 계속 줄고 있고, 연금이 개시되는 퇴직자는 매년 증가한다. 실제로 2021년 7월 국회예산정책처가 발표한 '4대 공적연금 장기 재정전망' 보고서에 따르면 공무원연금 수급자는 2060년 106만 5천 명이 될 것으로 전망된다. 이때의 적자 규모는 약 21조 원이 될 것으로 보인다.

그런데도 문재인 정부는 공무원 조직을 계속 키웠다. 2020년 기준 전체 공무원은 113만 1,796명이다. 박근혜 정부 때보다 10만 명 가까이 늘었다. 여기에다 2021년 중앙부처 공무원과 2022년 지방공무원 증원 계획을 포함하면 1만여 명이 더욱 늘어날 것으로 전망된다. 그렇다 보니 인건비 부담은 더욱 커졌다. 문재인 정부에서만 공무원 인건비가 11조 원 증가했다. 이렇게 늘어난 공무원들이 퇴직할 때가 되면 공무원연금 적자는 눈덩이처럼 불어날 게 뻔하다.

다른 공적연금도 상황은 비슷하다. 군인연금 적자 규모는 2020년 2조 7,457억 원이었다. 군인연금도 공무원연금과 마찬가지로 세금으로 적자를 보전한다. 여기에 사학연금 역시 2023년부터 8,662억 원 적자 전환될 것이라고 전망된다. 사학연금의 적자도 세금으로 메울 가능성이 크다.

하지만 위 세 가지 공적연금 모두 문재인 정부가 개혁하지 않고 손을 놔버렸다. 정치권에선 유승민 국민의힘 전 의원, 박용진 더불어민주당 의원 등 일부가 개혁의 목소리를 높이고 있지만 주요 의

제로 받아들여지지 못하는 실정이다. 문재인 정부는 적극적으로 공무원 수를 늘렸지만, 정작 연금처럼 그에 뒤따르는 책임에 대해선 나 몰라라 하고 있다. 2022년 대선을 앞둔 상황에서 각종 연금 개혁의 목소리는 사장될 게 뻔하다.

해법은 정권 초기 정부 여당의 지지율이 높을 때 대통령이 직접 나서 국민에게 이해를 구하고 설득하는 방법밖에 없다. 그러나 그 어떤 대통령도 먼저 가시밭길을 걸어가려 하지 않을 것이다. 그렇다면 어떻게 해야 하는가. 현재와 같은 연금 다단계 사기의 피해자가 될 낀대와 90년대생이 똘똘 뭉쳐 이 문제를 공론화시켜야 한다. 지금의 20, 30, 40이 나서지 않는다면, 이들이 훗날 60대가 됐을 때 큰 고통을 받게 될 것이다. 다음 대통령이 누가 됐든 낀대들은 연금 개혁부터 강하게 주장해야 한다.

4부

D세대가 온다

1

디지털 코스모폴리탄

80년대 낀대

열등감 없는 세계시민

인구학자 조영태 교수가 Jtbc 방송 〈차이나는 클라스〉에 출연해 '갑자기 외국인을 만났을 때 세대별 인사법'에 관해 이야기한 적이 있다. 외국인이 신기해서 도망간다는 베이비부머 세대부터 경직된 상태로 '헬로 하우아 유'라고 말하는 X세대, 자연스럽게 능숙한 영어를 구사하는 밀레니얼 세대 이야기를 들으며 절로 공감이 됐다.

충격적이었던 것은 1990년대생 출연자의 대답이었다. 외국인을 만났을 때 '안녕하세요?'라고 한국어로 인사를 한다는 것이다. 정말일까 싶어 주변에 있는 20대 몇 명에게 물어봤다. 대부분 상황에 따라 영어로 할 수도 있겠지만, 한국어로 인사하는 것도 충분히 가능하고 자연스럽다는 반응을 보였다. 심지어 한국에 있는 외국인들은 기본적인 한국어 인사 정도는 당연히 할 줄 아는 것 아니냐며 한국어로 인사하는 것을 신기해하는 필자를 이상하게 쳐다보는 경우도 있었다.

외국에서 유명인이 오면 우리나라 기자들이 "두유 노(Know) 김치?", "두유 노 지성팍(박지성)?"을 묻던 것은 그리 오래된 일이 아니다. 세계의 변방에서 어떻게든 선진국을 따라가려고 국제화, 세계화를 부르짖던 시절은 지났다. 이제는 누구를 따라가는 것이 아니라 그냥 우리 스스로가 자연스러운 세계의 일원이 되었다. 영화 〈기생충〉이나 드라마 〈오징어게임〉 등 문화 영역에서도 한국은 자랑스러운 국제사회의 선도그룹이다.

이제는 낀대나 그 윗세대도 한국인이 세계 무대에서 큰 성공을 거둬도 유난을 떨지 않고 TV에서 한국어를 유창하게 구사하는 외국인을 봐도 호들갑을 떨지 않는다. 그러나 낀대 이후의 디지털세대는 낀대와도 비교될 수 없을 만큼 세계시민이라는 표현이 자연스럽다.

코스모폴리탄Cosmopolitan은 세계시민의식 그리고 세계시민의식을 가진 세계시민을 뜻한다. 그리스어 우주Kosmos와 시민Politēs에서 유래된 단어다. 국내와 세계를 나누고, 세계를 동경하는 사람은 진정한 코스모폴리탄이라고 보기 어렵다. 코스모폴리탄이 되고 싶은 코스모폴리탄 워너비Cosmopolitan Wanna-Be에 불과할 뿐이다.

디지털세대는 열등감이 없다. 디지털세대는 가난한 나라에서 태어나지 않았다. 디지털세대는 대한민국이 선진국 문턱을 넘느니 마느니 할 때 학창시절을 보냈다. 윗세대와 비교하면 미국, 유럽, 일본 등 선진국에 대한 사대주의나 큰 동경도 가지지 않는 것이 보통이다. 디지털세대가 태어난 이후로는, 국내에 있는 여러 문제와 별개로, 한국이라는 나라가 무시당하거나 한국인이라는 이유로 설움을 겪는 일은 거의 없다.

디지털세대는 이미 국경 없는 디지털 환경에 익숙하다. 디지털세대가 많이 이용하는 각종 커뮤니티사이트를 보면 재미있거나 화제가 될 만한 해외 소식들이 국내 소식과 구별 없이 올라온다. 인스타그램 등 각종 SNS를 통해 외국의 유명인은 물론 일반인 인플루언서 등을 팔로우하는 것도 전혀 어색하지 않다.

우리나라의 디지털세대는 열심히 쫓아가는 패스트 팔로워Fast Follower을 넘어 용기 있게 도전하는 퍼스트 펭귄First Penguin이 될 수 있는 상황이다. 국제적인 환경은 걱정이 없다. 오히려 국내의 꼰대 문화가 이들의 발목을 잡지 않을지 걱정된다. 그러나 우리의 디지털세대는 '싸가지'가 필요 없는 디지털 세상에서, 또 한국이라는 범위를 넘어서 자신의 실력을 펼쳐나갈 것이다.

디지털 네이티브

디지털세대가 아니라도 한국인들은 대체로 디지털 환경에 잘 적응하고 있다. 70대 이상의 어르신들도 스마트폰을 자유자재로 이용하는 경우가 많다. 그렇다 보니 디지털세대라고 특별히 다른 게 있나 싶을 수도 있다. 요즘 아이들은 어릴 때부터 스마트폰과 태블릿을 만지며 자라기 때문에 이전 세대와는 확실히 다르다.

한글을 잘 몰라도 유튜브 음성검색 기능을 이용해 본인이 보고 싶은 동영상을 찾아보고, 이모티콘을 사용해 카카오톡 메시지를 주고받는다. 스크린처럼 생긴 표면이라면 자연스럽게 터치를 하고, 터치가 되지 않으면 의아해하기도 한다. 근래에는 호모 사피엔스를 변형한 포노 사피엔스라는 표현도 사용되는데, 보고 있으면 충분히 그런 표현이 나올 만하다는 생각이 든다.

디지털세대는 디지털 기기, 즉 하드웨어에만 익숙한 것이 아니다. 디지털 세계에서 생활을 한다. 온라인으로 쇼핑을 하고, 넷플릭스 등 각종 서비스를 구독하는 등 소비를 하는 것은 더 이상 신기할 것도 없다. 온라인에서 SNS를 통해 소통하고, 함께 공부하고, 취미를 공유하는 것도 일상이 되었다.

최근 흥미롭게 보고 있는 것은 '디지털 사회성'이다. 온라인에 각종 커뮤니티가 생긴 지는 이미 오래되었고 커뮤니티에도 흥망성쇠가 있다. 각 커뮤니티마다 나름의 역사와 특성 그리고 규칙이 있고, 이용자들이 그러한 규칙을 생각보다 잘 지킨다. 언뜻 보면 무질서해 보이지만 게시글을 반말로 쓰는지, 존댓말로 쓰는지부터 시작해서 각 커뮤니티별로 규칙이 있고 지켜야 할 선이 있다. 선을 넘으면 해당 커뮤니티에서 응징을 받는다.

사회생활도 온라인에서 많이 한다. 온라인에서 의기투합해서 단체로 후원을 하기도 하고, 정치적 의사 표시도 하고, 정보도 공유하고 고민 상담도 한다. 누구보다 집요한 사이버 수사대가 되기도 하고, 언론에 제보하기도 한다. 커뮤니티나 SNS 그 자체가 취미이기도 하지만, 온라인에서 오프라인 취미활동을 할 사람들을 적극적으로 찾아 나선다. 온라인을 통해 만나 이름도 모르고 함께 골프, 등산, 등 여행을 하는 경우도 흔하다.

디지털에 익숙해서인지 디지털세대는 비트코인 등 가상자산 투자에도 적극적인 경우가 많다. 최근에는 가상화폐를 넘어 NFT(Non-Fungible Token, 대체 불가능 토큰)도 많은 관심을 받고 있는데, NFT에 대해서는 뒤에서 보다 자세히 살펴보겠다.

이처럼 디지털세대는 자신의 삶을 온라인에서 영위하는 것에 익숙하다. 그렇다 보니 오히려 오프라인 세계에서 더 스트레스를 받는 경우도 적지 않아 보인다.

콜 포비아? 아날로그 포비아?

전화를 받는 것조차 너무나 아날로그적인 혹은 현실적인 일이 되어 버린 것일까. 최근 몇 년간 젊은 세대에서 '콜 포비아' 현상이 심화되고 있다. 콜 포비아란 전화 통화하는 걸 두려워하는 공포증을 의미하는데, 문자 메시지 등에 익숙한 젊은 세대에게 광범위하게 퍼지고 있다.

한 조사에 따르면 성인 2명 중 1명이 이러한 공포증을 지니고 있다고 할 정도다. 경미하거나 중대하든, 전화 통화에 대한 부담감이 점점 더 보편적인 현상이 되고 있다고 볼 수 있다.[1]

원인은 다양하다. 각종 배달 앱, 챗봇(Chatbot, 메신저를 통해 사용자와 대화할 수 있도록 하는 프로그램 또는 인공지능) 등의 발달로 전화를 할 일 자체가 많이 줄었다. 통화하지 않아도 되기 때문에 배달 앱과 챗봇의 사용이 늘어난 측면도 있다. 텍스트를 통한 소통이 마음 편하다는 점도 무시할 수 없다.

전화는 실시간으로 이뤄진다. 반면 텍스트를 통한 소통은 시간차를 둘 수 있다. 예를 들어 카카오톡 메시지는 필요한 만큼 충분히 검토하고 수정해서 본인이 원하는 시점에 보낼 수 있다. 그리고 전화는 실제 목소리를 듣는다는 점에서 상당히 아날로그적인 소통방

---

1 '[밀레니얼 시각] 콜 포비아에서 대화 포비아로', 매일경제, 2021. 9. 18. 참고

식이라고 할 수 있다.

디지털세대는 온라인에서 세대 간, 직업 간, 직책 간 우열 없이 수평적으로, 익명으로 소통하는 것에 익숙하다. 반면 실제 현실, 아날로그적 관계에서는 상대와 나 사이에 어떤 권력 구조가 있는 게 일반적이다. 젊은 세대는 대개 그런 권력 구조에서 '을'인 경우가 많고, 전화를 받는다는 것은 수직적인 소통 구조에 들어서는 일일 가능성이 높다. 그러다 보니 전화만 와도 긴장하는 것이다.[2]

전화를 통해 자각하는 현실의 권력 구조가 부담스럽다면 직접 만나는 것은 더욱 부담스러울 수 있다. 최근 방에서 나가지 않는 은둔형 외톨이가 사회적으로 문제가 되고 있다. 은둔형 외톨이까지 가지 않더라도 의무적인 직업 활동 이외에는 오프라인에서 사람을 만나지 않는 사례는 점차 흔해지고 있다.

아날로그에서의 인간관계에 두려움 혹은 부담감을 느끼는 사람들이 점점 많아지는 것이다. 온라인에서의 소통은 앞으로 더 고도화될 것으로 보인다. 그리고 온라인에서는 전 세계 수많은 사람 중에 내가 원하는 사람, 나와 잘 맞는 사람만 골라서 소통하는 것이 가능하다. 상대적으로 좁은 인간관계에 갇힌 오프라인에서는 불가능한 일이다.

---

2 '[밀레니얼 시각] 콜 포비아에서 대화 포비아로', 매일경제, 2021. 9. 18. 참고

엄청난 잠재력을 지닌 디지털세대가 혹여 콜 포비아를 넘어 아날로그 포비아, 오프라인 포비아에 빠지지는 않을지 지속적으로 주의 깊게 살펴볼 필요가 있다.

2

메타버스와 NFT

80년대 낀대

현실보다 매력적인 가상세계

메타버스는 가공, 추상, 초월을 의미하는 '메타Meta'와 현실 세계를 의미하는 '유니버스Universe'의 합성어로 '가상세계'라는 뜻이다. 메타버스는 하나의 완결된 '세계'를 추구한다. 그런 점에서 현실 일부만 가상으로 구현하는 가상현실Virtual Reality과는 다르다. 메타버스는 지금처럼 글로 읽는 것보다 제페토Zepeto나 로블록스Roblox 등 메타버스 서비스에 직접 접속해보면 바로 감을 잡을 수 있다.

예를 들어 제페토에 접속하면 다양한 맵이 존재한다. 도시, 캠핑장, 지하철, 가상으로 운전하는 드라이빙존, 교실, 할로윈 파티룸,

카페, 공항, 결혼식장, BTS 테마파크 등 종류가 무궁무진하다. 그중 한강공원 맵을 선택해 들어가면 실제 한강공원과 유사하게 3차원 그래픽으로 구현된 세상이 나타난다.

유저는 본인의 아바타를 이용해 가상세계 안에서 산책도 하고, 쇼핑도 하고, 다른 이용자들과 이야기도 나누면서 새로운 세상을 즐길 수 있다. 가상세계 안에서 유저들이 함께 게임하는 경우도 많은데, 〈오징어게임〉이 인기를 끈 직후에는 오징어게임을 구현한 맵에서 유사한 게임을 하는 것이 유행이었다.

아직 메타버스가 현실 같지는 않다. 현재 서비스되고 있는 모든 메타버스가 마찬가지다. 과거와 비교하면 매우 고도화됐지만, 아직 현실 세계와 착각할 수준의 그래픽을 추구할 수 있는 수준은 아니다. 그러나 이동통신기술이 더욱 고도화되어 고해상도의 그래픽을 실시간으로 이용할 수 있게 된다면 메타버스는 더욱 더 현실 세계를 닮아갈 것이다. 어쩌면 메타버스가 현실 세계를 능가할지도 모른다.

스티븐 스필버그 감독의 영화 〈레디 플레이어 원〉에서 표현된 메타버스는 현실보다 더 실감 나고 더 매력적이다. 이 정도 수준의 메타버스가 구현된다면 현실 세계는 크나큰 도전에 직면할 것이다. 영화에서 주인공을 비롯한 모든 사람은 암울한 현실에서 벗어나고자 오아시스OASIS라고 불리는 메타버스에서 하루를 보낸다. 메타버스에서는 누구든 원하는 캐릭터가 되어 어디든 갈 수 있고, 상상하는 대부분의 일이 가능하기 때문이다. 가상세계를 실감 나게 즐기기 위한 헤드셋과 옷을 벗는 시간은 잠을 잘 때 정도다.

메타버스가 고도화되면 우리도 잠을 자는 시간을 제외하고는 대부분의 시간을 메타버스에서 보내게 될지도 모른다. 지금도 현실 세계보다 스마트폰이나 모니터 스크린을 보는 시간이 더 많은 사람이 적지 않다. 메타버스에서 할 수 있는 일과 취미생활은 점점 늘어날 것이다. 그리고 메타버스에서 제공하는 경험은 점점 현실보다 더 실감 나고 재미있게 진화할 것이다.

일도 섹스도 메타버스에서

먼저 일부터 살펴보자. 꼭 메타버스가 아니더라도 온라인 환경을 이용해 원격으로 일을 하면 일단 출퇴근에 시간과 에너지를 쓸 필요가 없다. 공간의 제약 없이 세계 각지에 있는 사람들과 협업하는 것도 가능하다. 수도권 집중이 심하고 서울 집값이 너무나도 비싼 우리나라의 직장인들에게 원격근무는 비싼 서울을 벗어날 기회가 될 수 있다.

원격근무의 다양한 장점에도 불구하고, 기존에는 업무효율에 관해 회의적인 시각이 많았다. 그러나 코로나19로 인한 재택근무가 인식을 완전히 바꿔놓았다. 온라인 기술을 이용한 재택근무가 충분히 가능하다는 것을 많은 사람이 실제로 체험했다. 물리적인 일을 처리하는 근로자를 제외하고는, 특히 대부분의 사무직 근로자는 재택근무를 할 수 있었다.

메타버스는 원스톱 온라인 업무 공간이 될 것이다. 이미 직방과 같은 IT 기업들을 중심으로 메타버스 오피스가 도입됐다. 사무실을 꼭 빼닮은 메타버스 사무실에서 팀원들의 아바타가 함께 일을 하고, 수다도 떨고, 회의도 하는 것이다. 메타버스 사무실을 제공하는 스타트업들도 활발하게 고객을 유치하고 있다. 메타버스 사무실을 도입한 기업과 근로자들은 번거롭게 업무용 메신저와 화상회의 앱 등 다양한 툴을 이용하지 않아도 된다는 점을 큰 매력으로 들고 있다.

반면 성관계는 오프라인에서 신체적으로 해야 하는 활동이다. 그러나 가상 내지 비접촉식 성관계에 대한 상상은 이미 오래전에 등장했다. 1993년에 개봉한 영화 〈데몰리션맨〉에는 헬멧 형태의 전자장비를 쓴 남녀가 눈을 감고, 실제 신체접촉은 없이, 가상 섹스를 즐기는 장면이 나온다. 몸의 움직임 없이 뇌파만을 이용한 성관계라는 설정이다. 참고로 영화의 배경은 2032년이다.

최근의 기술발전을 반영해서 원격 성관계의 가능성을 디테일하게 그려내는 작품도 있다. 아마존 프라임 비디오를 통해 2020년에 공개된 TV 시리즈 〈업로드〉인데, 업로드는 사후 세계 메타버스를 배경으로 한 로맨틱 코미디물이다. 2033년 배경으로 죽기 직전에 자신의 의식을 디지털화해서 메타버스에 '업로드'하면, 메타버스 내에서 자신의 의식을 유지하면서 계속 살아간다는 설정이다.

주인공은 비록 메타버스 안에 있지만, 의식이 살아 있기 때문에 온라인으로 할 수 있는 모든 활동을 할 수 있고 오프라인에 있는 사람들과 통화, 영상통화, 메신저 등을 통해 소통하면서 로맨스를 전개해나간다. 심지어 주인공은 이미 신체가 없어졌음에도 기술의 도움으로 생전에 사귀던 여자친구와 성관계도 시도한다.

간단히 말해 바디수트를 이용하는 방식인데, 주인공의 여자친구가 움직임과 촉감을 전달하는 바디수트를 입으면 메타버스에 여자친구(정확히는 본인 모습의 아바타라고 해야겠다)가 입장하고, 메타버스에서의 움직임과 촉감을 바디수트가 다시 오프라인에 있는 여자친구에게 전달한다는 설정이다.

먼 미래의 일처럼 느껴지거나 불가능하다고 생각될 수 있다. 하지만 스마트폰이 나오기 전에 휴대전화를 이용해서 이렇게 많은 일을 하게 될 것이라고 상상하는 것 역시 어려웠다. 변화는 우리의 예상보다 더 빨리 올지도 모른다.

NFT – 디지털 시대의 한정판 사인 CD

NFT(Non-Fungible Token)는 '대체 불가능한 토큰'이라는 뜻인데, 개념적 정의만 보면 도대체 뭘 하는 건지 이해하기 어렵다. 쉽게 말해 NFT는 유명가수가 CD에 사인을 하는 것과 비슷한 기능을 한다.

보이그룹 방탄소년단(BTS)의 CD를 예로 들어보자. BTS의 CD는 전 세계적으로 매우 많이 팔린다. BTS의 CD는 훌륭하지만 '희소'하지는 않다. 그런데 그 CD 중 단 한 개에만 BTS 멤버 전원이 친필 사인을 했다고 생각해보자. 똑같은 CD이고 담긴 음악도 똑같지만, 사인 CD와 일반 CD의 가치가 똑같다고 생각할 사람은 없을 것이다.

사인 CD는 '희소성'을 가진다. 그래서 특별하고, '수집'의 대상이 된다. 물론 한정판 사인 CD를 가졌다고 해서 내가 BTS 음악을 독점할 수 있는 것은 아니다. 다른 CD를 산 사람들도 얼마든지 동일한 음악을 즐길 수 있다. 그렇지만 사인 CD를 가진 사람은 '특별한 기분'을 느낄 수 있다.

이번엔 실제 NFT의 사례를 보자. 사진 한 장의 NFT가 50만 달러, 우리 돈으로 5억 원이 넘는 가격에 팔려서 전 세계적으로 화제가 된 적이 있다. 바로 '재앙의 소녀'라는 사진이다. 그런데 이 사진의 파일은 이미 전 세계적으로 널리 퍼져서 여러 커뮤니티에서 밈

(Meme)으로 활용되고 있다. 심지어는 재앙의 소녀 사진 NFT가 비싸게 팔렸다는 기사에도 이 사진 파일이 첨부되어 있다.[3] 그런데 이렇게 쉽게 구할 수 있는 사진의 NFT를 왜 5억 원이 넘는 돈을 주고 사는 것일까?

NFT가 바로 BTS의 한정판 사인과 같은 기능을 하기 때문이다. 재앙의 소녀 NFT는 사진의 주인공이 '인증'해준 것이기 때문에 값이 비싸다. 비유하자면, 전 세계에 떠돌고 있는 재앙의 소녀 사진 파일들은 BTS의 일반 CD처럼 희소성이 없다. 반대로 재앙의 소녀 NFT는 주인공의 인증을 받았기 때문에 BTS가 사인한 단 1장의 CD와 같은 의미를 준다.

핵심은 희소한 것을 가진 기분, 바로 '특별해진 기분'이다. BTS 사인 CD를 가진 사람과 마찬가지로 재앙의 소녀 NFT를 가진 사람도 재앙의 소녀 사진 파일을 가진 다른 사람들에게 해당 사진을 쓰지 말라고 할 수 없다. NFT는 그 자체로 독점권이나 저작권을 부여하는 것이 아니기 때문이다. 희소한 것을 가진 특별해진 기분을 부여할 뿐이다.

이제는 '대체불가능 토큰'이라는 뜻이 조금 더 쉽게 이해될 것이다. '대체불가능'이라는 수식어는 공히 블록체인 기술을 사용하는

---

3 "NFT가 뭐길래… 美 '재앙의 소녀' 사진 원본 5억 원에 낙찰", 조선일보, 2021. 4. 30. 참조

가상자산과 대비되는 개념이다. 각 비트코인은 1만 원짜리 지폐처럼 같은 가치를 갖고 있어서 서로 교환이 가능하다. 대체될 수 있는 것이다. 반대로 NFT는 각각의 토큰이 모두 다르고 가치도 다르다.

대체될 수 없는 토큰을 왜 만드는가? 바로 대체될 수 없다는 특성이 바로 진품임을 담보하는 역할을 하기 때문이다. BTS가 사인한 CD와 필자가 사인한 CD는 가치가 다르다. 그래서 BTS가 사인한 CD가 거래되려면 진품임을 확인할 수 있어야 한다. 아날로그 수집품은 필적감정 등을 통해 진품인지 여부를 확인하면 된다.

반면 디지털 수집품은 한정판 사인을 한다는 개념 자체가 어색하고, 사인을 하더라도 진품인지를 확인하기가 어려웠다. 그래서 NFT가 등장한 것이다. NFT는 블록체인 기술을 통해 누가 어떤 파일에 사인한 것인지를 쉽게 확인할 수 있도록 하고, 동시에 사인을 조작하지 못하도록 한다.

요약하면, NFT는 디지털 시대에 희소한 '수집품'을 만드는 기술적 수단이다. 이게 도대체 무슨 의미가 있느냐, 실질적인 가치를 창출하느냐 하는 질문은 무의미하다. 희소한 메이저리그 야구카드나 우표를 수집하기 위해서 큰돈을 지출하는 것과 근본적으로 다르지 않기 때문이다. 디지털 시대에는 메타버스에서 일도 하고, 산책도 하고, 놀이도 하는 것처럼 디지털 파일을 수집하는 시대가 온 것이다.

3

디지털과 확증편향

70년대 낀대

하나의 신념 두 개의 진실

16세기 유럽은 흔히 르네상스에서 과학혁명으로 넘어가던 시기로 기억된다. 그러나 모든 혁명 뒤엔 어두운 그림자가 놓여 있다. 종교개혁도 마찬가지다. 유럽 역사에서 16~17세기에 이르는 120년은 '철의 세기'라 불린다. 신·구교 간에 벌어진 종교전쟁은 수많은 희생과 갈등을 낳았다. 신은 하나였지만, 신에게 이르는 길은 서로 달랐기 때문이다.

1572년 '성 바르톨로메오 축일의 학살'은 종교 화합의 대표자로 일컬어지는 앙리 4세와 마르그리트 공주의 결혼식 날에 이뤄졌다. 결혼식을 축하하러 온 신교들은 성안에 갇힌 채 종소리와 함께 모두 학살됐다. 이날 파리 성내에서만 3천여 명의 신교도가 죽었다. 1994년 칸영화제에서 심사위원특별상을 수상한 〈여왕 마고〉도 이 사건을 모티브로 삼았다.

사람들은 흔히 진실이 하나일 것이라고 생각한다. 원론적으로 틀린 말은 아니다. 이데아에선 진실은 분명 하나지만, 개인이 인식하는 진실은 여럿일 수 있다. 시각장애인이 코끼리를 만진 이야기를 생각해보자. 손에 닿은 부위가 어디냐에 따라 코끼리의 형상은 달라진다. 인간이 지각하는 진실은 결국 경험의 일부이며, 경험은 주관적일 수밖에 없다. 그러므로 동일 사건을 동시에 경험한 이들도 서로 인식하는 팩트가 달라진다.

진실에 대한 가장 현실적인 비유는 사실의 모자이크라는 것이다. 단편적인 팩트의 조각들이 모여 큰 그림을 이루고, 가능한 한 많은 사실이 모였을 때 진실에 다가갈 수 있다. 만일 팩트를 모으는 방식, 사실을 경험하는 창구가 어느 한쪽에 치우치거나 독점적이라면 진실의 모자이크는 미완성일 수밖에 없다. 16세기 전쟁을 놓고 몽테뉴가 "강 하나를 사이에 두고 이쪽과 저쪽의 진리가 다르다"고 말한 것처럼 진실은 경험의 세계와 무관하지 않다.

인터넷에서 기사를 소비하는 방식도 마찬가지다. 2020년 1월 2일자 '진중권의 로고스, 유시민의 파토스'라는 기사는 클릭 수가

70만 가까이 됐다. 댓글만 5천 개 넘게 달렸다. 네이버와 다음에서 각각 공감·추천 상위 30개 댓글을 살펴보니 흥미로운 사실이 발견됐다. 네이버에선 상위 30개 댓글 모두 진중권을 옹호했고, 다음에선 상위 30개 모두 유시민을 지지하는 내용이었다. 물론 상대방에 대한 강한 혐오도 포함돼 있었다.

똑같은 기사라도 어느 포털 사이트에서 보느냐에 따라 경험하는 세계가 달라진다. 그 탓에 네이버는 '그린일베'로, 다음은 '좌음'이란 별칭으로 불린다. '그린일베'는 녹색 베레모를 착용하는 미 육군 특수부대 '그린베레'의 오자가 아니다. 네이버 이미지 색 '그린'과 극우 성향 온라인 커뮤니티 '일베(일간베스트)'의 합성어다. 네이버 뉴스 댓글의 내용이 주로 우파 성향을 띤다고 해서 붙었다. '좌음'은 좌파 성향의 사람들이 모인 다음이란 뜻이란다.

사실 놀라운 일도 아니다. 이 기사뿐 아니라 정치·경제·사회·문화 할 것 없이 많은 뉴스 댓글이 비슷한 경향을 보인다. 그런 이유로 네이버 뉴스는 주로 보수 성향 네티즌이, 다음 뉴스는 진보 성향 네티즌이 이용하는 것으로 여겨진다. 실제로 2021년 2월 SBS의 빅데이터 조사 결과 네이버 댓글 4천 1백만 개 중 보수 성향은 58.9%, 다음 댓글 2천 6백만 개 중 진보 성향은 72.1%로 나타났다.

정치 성향에 따라 이용하는 뉴스 플랫폼이 다르다는 것은 엄연한 사실인 셈이다. 문제는 청와대도 그렇다고 한다. 청와대 관계자는 언론 인터뷰에서 "네이버 댓글은 보수 성향의 여론이 많고, 다음은 진보 진영을 지지하는 이용자들의 여론이 형성될 때가 상대적으로 많은 경향이 있다"며 "공약했던 사안들을 마무리해야 하는 집권 말로 갈수록 민감한 사안에 대해서는 아무래도 반대층보다는 지지층의 여론을 보다 의식할 수밖에 없지 않겠느냐"고 했다.[4] 지지층의 목소리가 큰 다음 뉴스의 댓글 반응을 더욱 신경 쓴다는 뜻이다.

왜 이런 일이 생길까. 그 답은 행동경제학에 있다. 2002년 노벨상을 받은 심리학자 대니얼 카너먼Daniel Kahneman은 인간의 의사결정 과정을 시스템 Ⅰ과 Ⅱ로 나눠 설명한다. Ⅰ은 큰 노력 없이 자동으로 빠르게 작동하지만 Ⅱ는 복잡한 계산과 집중력이 필요하다. 인간을 이성적 존재로 규정한 Ⅱ(주류경제학)와 달리 행동경제학은 비이성적 판단을 하는 Ⅰ의 관점에서 인간을 바라본다.(『생각에 관한 생각』)

이때 Ⅰ을 설명하는 핵심 개념이 '인지적 편향'이다. 평소 자신의 생각과 비슷한 정보만 받아들이고 다른 것은 배척하는 경향이다. 이것이 반복되면 믿고 싶은 것만 믿는 '확증편향'이 된다. 당장은 Ⅰ이 마음 편할지 몰라도 장기적으론 보편과 상식에서 멀어진다. 나중엔 자기 것만 옳다고 여겨 '다른' 것을 '틀린' 것으로 간주한다. 각자

4 '네이버보다 다음 댓글 봤다… 집권 말 靑 귀 기울인 목소리', 중앙일보, 2021. 8. 22.

의 정치 성향에 따라 자신에게 편한 뉴스 플랫폼을 사용하면서 편향이 커지는 것도 같은 논리다.

그런데 이런 편향은 비단 뉴스에만 해당되진 않는다. 페이스북이 자신의 취향에 맞는 글만 추천하고, 넷플릭스가 감쪽같이 좋아하는 영화만 골라주는 것도 마찬가지다. 일부러 새로운 시도를 하지 않으면 한쪽에 치우칠 수밖에 없다. 보고 싶은 뉴스만 보고, 믿고 싶은 사람의 말만 들으면 어느새 '인지적 편향'에 빠져버린다. 그렇게 우리의 인식은 한쪽으로 치우쳐 세상을 온전히 바라볼 수 없게 된다.

편향 키우는 디지털

편향은 아날로그보다 디지털에서 더욱 심각하다. 예를 들어 집에서 15분 거리에 호수공원이 있다고 생각해보자. 그런데 공원을 가는 길엔 10대 아이들이 주로 모이는 번화가가 있다. 학원가와 문구점, 분식집 등이 밀집해 있다. 아무 생각 없이 지나쳐 다니겠지만 무심결에 보고 듣는 것, 의도하지 않아도 얻게 되는 정보 등이 있을 것이다. 여기서 조금만 관심을 가지면 10대들의 생각과 행동을 이해하는 데 큰 보탬이 될 수 있다.

호수공원에서 고즈넉한 산책을 즐기는 게 목적이지만, 이를 위해선 시끌벅적한 청소년들의 핫 플레이스를 거쳐야만 한다. 아날로그 세상에선 내가 원하지 않아도, 또는 좋아하지 않는 것도 경험해야만 자신이 바라는 걸 얻을 수 있다. 종이신문도 마찬가지다. 일간지엔 기자들이 발로 뛰어 취재한 뉴스만 있는 게 아니다. 지면 편집에는 세상을 바라보는 다양한 관점이 담겨 있다. 정치면부터 사회, 경제, 문화 등 관심 없어도 보게 되는 여러 이야기가 있다.

하지만 디지털 세상은 어떤가. 대부분의 디지털 서비스는 인지적 편향에 기초한 경로 의존성이 크다. 과거의 관습들이 모여 기존의 생각과 취향을 더욱 고착화하는 것이다. 내가 호수공원을 좋아한다면 그것과 관련된 정보만 추천된다. 굳이 10대 청소년들의 취향은 볼 필요가 없다. 일부러 찾아나서지 않는 한 그들의 생각과 문화를 경험할 수 없다. 뉴스도 마찬가지다. 비슷한 성향을 가진 사람들만 좋아하는 뉴스를 공유하면서 편견만 키워간다.

인공지능이 발전할수록 디지털 편향은 더욱 심화할 것으로 보인다. 인공지능은 일종의 알고리즘이다. 알고리즘은 어떤 문제를 풀기 위한 방법을 뜻한다. 같은 문제라도 어떤 방식을 취하느냐에 따라 효율성이 달라진다. 이때 디지털 알고리즘은 다양한 해법 중 가성비가 가장 높은 최적의 경로를 찾도록 설계돼 있다.

반면 아날로그에선 같은 문제를 풀더라도 서로 다른 해법을 갖는다. 다른 해법을 계속 시도하다 보면 그중에 가장 정확하고 빠른 정답을 찾게 된다. 정답을 알게 되는 과정에서 경험한 다양한 해법들은 그대로 사장되는 게 아니라 행위 주체의 인식의 폭을 넓히는 데 도움이 된다. 당장은 쓸모없을지언정 언젠가는 그런 경험들이 모여 새로운 무언가를 낳는다. 설령 실패의 경험이라 해도 말이다.

그러나 디지털은 늘 최적의 알고리즘을 제공한다. 페이스북와 유튜브처럼 아마존도 내 취향에 딱 맞는 상품만 골라준다. 알고리즘이 더욱 정교화할수록 소비자 측에선 선택의 부담을 덜고, 기업 측에선 최적화된 콘텐츠를 보여줘야 매출을 높일 수 있다. 그런데 여기엔 큰 맹점이 있다. 사용자들의 기본 패턴을 좇아 콘텐츠를 추천하기 때문에 장기적으로 개인의 주관과 인식을 왜곡시켜 보편적이고 일반적인 것에서 멀어지게 한다.

하버드대 교수 조슈아 그린Joshua Green의 『옳고 그름』에서 사회갈등의 궁극적 원인은 자기 확신에 있다고 설명한다. '그들'과 다른 '우리'가 강조되고, 우리의 도덕적 가치와 철학을 확신할수록 '그들'을 억압한다는 것이다. 인지적 편향을 통해 경로 의존이 계속되면 확증 편향을 낳고, 이는 곧 자기만 옳고 상대는 틀린 이분법적 세계관을 형성시킨다. 대부분의 디지털 서비스는 인간의 경험 세계를 좁게 만들며 편견을 더욱 심화시킨다.

디지털세대에게 가장 우려되는 부분은 이들이 아날로그를 경험할 기회가 많지 않다는 데 있다. 그마나 낀대는 어린시절 아날로그적 환경에서 성장할 수 있었지만, 지금의 디지털세대는 어릴 적부터 스마트폰과 태블릿 PC를 손에 달고 살았다. SNS에서 24시간 자신의 존재를 확인하며 살고, 타인과의 비교·감시 속에서 수많은 좌절과 과시를 반복하며 인격을 형성한다. 물론 그것이 꼭 나쁘다고 말할 순 없겠지만, 아날로그적 경험이 부족한 환경에서 편향을 키우고 닫힌 세계관을 갖게 된다.

움베르트 에코는 20세기의 명작으로 꼽히는 『장미의 이름』에서 "진리를 위해 죽을 수 있는 자를 경계하라"고 했다. 자신의 신념만 옳다고 믿는 독선이 '악'보다 위험하다는 이야기다. 독선은 '선을 가장해(위선)' 다가오기 때문에 더욱 편안하고 따뜻하게 느껴지지만 자기도 모르는 사이에 사람들을 악에 물들인다.

우리에겐 아날로그적 다양성이 필요하다. 그래야만 상대방의 의견은 틀린 것이 아니라 단지 다른 것일 뿐이라는 '오픈 마인드'가 길러진다. 개방과 관용의 정신이 체득돼 있어야만 합리적으로 소통하고 갈등을 조율할 수 있는 건강한 사회 구성원이 될 수 있다. 이를 기르기엔 각 개인이 경험하는 디지털 세상은 너무 편향돼 있고 폭력적이어서 적합하지 않다.

편할수록 바보가 된다

2000년대 이전까지 인간의 지능은 계속 높아진다고 믿었다. 이를 '플린 효과'라고 부른다. 사회발전으로 정신적 활동 많아지면서 IQ가 오른다는 것이다. 뉴질랜드의 심리학자 제임스 플린은 1930년대부터 1980년대까지 평균 IQ가 10년마다 3점씩 오른다는 연구 결과를 발표했다. 삶이 풍요로워지고 사회가 복잡해지면서 IQ도 높아졌다는 이야기다. 물론 그 짧은 시간에 진화가 일어났다는 뜻은 아니다. 쉽게 말하면 머리 쓸 일이 많아져 IQ가 올랐다는 것이다.

2018년 노르웨이 라그나르프리쉬 경제연구소RFCER 올레 로게베르그 부소장은 플린 효과와 반대로 IQ가 떨어지고 있다는 연구 결과를 발표했다. 특히 1990년대 초반 출생자는 1970년대 중반 출생자들에 비해 5점가량 낮다고 했다. 덴마크 코펜하겐대 토마스 티즈데일 박사도 군 입대 남성의 IQ를 조사했더니 1998년과 비교해 십여 년 사이 1.5점가량 떨어졌다고 지적했다.

이 같은 현상의 대표적인 원인은 디지털 기술의 발전이다. 실제로 우리의 삶은 과거보다 더욱 편해졌지만, 머리 쓸 일은 갈수록 적어지고 있다. 머릿속에 외는 전화번호와 노래 가사는 얼마나 될까. 또 내비게이션 없이 잘 찾아갈 수 있는 길은 몇이나 되나. 모든 것을 기계에 의존하다 보니 머리 쓸 일이 점점 줄어든다. 예전엔 곧잘 하던 암산도 이젠 계산기 없이는 어렵다.

물론 IQ만으로 사람의 능력을 평가할 순 없다. 그러나 기술의 발달이 인간의 사고력과 상상력을 해치고 있는 것은 분명하다. 우리는 손에 쥐고 있는 스마트폰으로 언제든지 모든 정보를 쉽게 검색할 순 있지만, 조용히 창가에 앉아 사색하는 시간은 잃어버린 지 오래다. 손가락으로 버튼만 몇 번 누르면 무슨 정보든 쉽게 찾아낼 수 있기 때문에 예전처럼 책을 읽거나 신문을 보지도 않는다.

특히 요즘 아이들은 장문의 글을 읽기 어려워한다. 조그만 스마트폰 속의 단문에 길들여지다 보니 다소 긴 내용의 글을 힘들어한다. 아울러 새로운 정보를 찾을 때 텍스트 검색보다 동영상으로 찾는 경우가 많아졌다. 이 같은 추세는 더욱 심화될 것으로 보인다. 특히 최근 발전하는 에듀테크를 보면 교실에서 증강현실과 가상현실, 홀로그램 등을 이용한 교육법이 속속 등장하고 있다. 실제와 같이 직접 보고 들을 수 있는 매우 좋은 교육법이지만, 문제는 상상력이 그만큼 고갈되고 있다는 것이다.

기술이 발전하면서 지식을 습득하는 방식이 달라지는 것은 어쩔 수 없다. 하지만 디지털에만 의존할수록 인간의 사고력은 떨어지고, 한쪽으로 치우친 인식과 편견을 갖게 된다. 특히 이미지와 동영상 중심의 지식 습득은 뇌를 피동적으로 만든다. 인간은 언어로 생각하고 궁리하는데, 언어를 적게 쓰면 그만큼 사고력이 떨어질 수밖에 없다. '언어는 존재의 집'이라는 마르틴 하이데거Martin Heidegger의 말처럼 인간이 세상을 인식하기 위해선 언어가 필수적이기 때문이다.

결국 디지털 기술의 발전이 만능은 아니라는 이야기다. 디지털은 인간에게 도구로 주어진 것이지, 결코 그것이 삶의 본질이 될 수 없다. 어린아이에게 아날로그적 경험의 기회를 빼앗는 건 지금 어른이 제일 해선 안 될 짓이다. 자라나는 아이들에겐 검색보다 사색이 필요하다. 동영상을 보는 것보다 책 읽기가 중요하다는 것은 두말할 나위가 없다.

4

디지털 지루함 참기 가능?

80년대 낀대

볼 것이 너무 많다

〈오징어 게임〉은 넷플릭스가 서비스되는 전 세계 모든 국가에서 꽤 긴 기간 1위를 차지했다. 〈오징어 게임〉의 성공을 보면서 문득 세계의 드라마 작가들도 글로벌 경쟁을 해야 하는구나 하는 생각이 들었다. 자국에서 생산되는 콘텐츠, 세계 대중문화에 영향력이 큰 미국 콘텐츠뿐 아니라 이젠 한국과 같은 신흥 문화 강국들과 실시간으로 국경 없는 경쟁을 해야 하기 때문이다.

콘텐츠 소비의 국경이 사라지면서 문화의 다양성이 유지될 것인지 등 여러 우려도 많지만, 현상만 보면 한 사람이 접근할 수 있는 콘텐츠의 양이 유튜브와 넷플릭스 등장 이전과는 비교도 할 수 없을 만큼 많아졌다. 전 세계적인 경쟁이 이뤄지면서, 물론 저질 콘텐츠도 엄청나게 늘었지만, 양질의 콘텐츠도 많아졌다.

넷플릭스 등 OTT를 통해 콘텐츠가 전 세계적으로 소비될 수 있다 보니 기존에 할리우드 블록버스터에서나 볼 수 있던 스케일의 작품이 갈수록 흔해지고 있다. 유튜버의 수익 규모가 커지면서 유튜버가 정식 방송국을 능가하는 수준의 콘텐츠를 선보이는 경우도 흔하다.

그 결과 '볼 것'이 너무 많아졌다. 빠르고 자극적인 재미있는 콘텐츠가 넘쳐난다. 국산 OTT 왓챠의 영화 소개를 보면 '시청을 시작한 사용자의 51%가 줄곧 1시간 이상 본 작품'이라는 문구가 종종 등장한다. 상당히 재미있는 영화에 붙는 문구인데, 사용자의 51%가 1시간 이상 보도록 만드는 것이 쉽지 않다는 것을 시사한다.

넷플릭스에 들어가서 뭘 볼지 고민하다가 너무 볼 것이 많아서 고민하다가 고르는 것을 포기하고 아무것도 보지 않는 경우가 적지 않다. 어렵게 골라서 보기 시작해도 영화관과 달리 언제든지 끄고 다른 것을 볼 수 있으니까 끝까지 집중해서 보는 일이 드물다.

초반 전개가 흥미진진하고 전개가 빠르지 않으면 시청을 이어가기 쉽지 않다. 유튜브도 마찬가지다. 영상의 썸네일이 눈길을 끌지 않으면 아예 클릭하지도 않는다. 시청하기 시작해도 재미가 없으면 금방 꺼버린다. 특히 유튜브의 '재미'는 지상파 방송에서 볼 수 없는 자극적인 소재와 내용을 의미하는 경우가 많다.

주제와 시간의 제약도 없다. TV와 영화 정도가 소비할 수 있는 콘텐츠의 전부였을 때는 다뤄지는 주제가 매우 제한돼 있었다. 시간적으로도 TV에서 재미없는 방송을 할 때는 별수 없이 책을 꺼내 읽곤 했다. 지금은 콘텐츠의 종류가 너무나 다양해져서 특이한 주제에 대한 영상도 대부분 찾을 수 있다. 특이한 취향도 만족시킨다. 24시간 언제든 볼 수 있다.

OTT와 유튜버 크리에이터들의 경쟁은 갈수록 치열해지고 있다. 사람들의 눈길을 끄는 것은 더욱 어려워질 것이다. 양질이든 저질이든 '볼 것'은 갈수록 늘어난다. 그리고 스마트폰은 너무나 가까이 있다. 조금만 지루하면 스마트폰으로 무엇이든 볼 수 있다. 지루함을 참을 필요가 없는 세상이다.

재미있고 돈 많이 버는 일

1986년생인 필자가 법대를 다닐 때 한 교수님이 직업에 관해 한 말이 있다. 세상에는 네 가지 종류의 직업이 있다고 하면서, 첫째 재미있고 돈을 많이 버는 일, 둘째 힘들거나 어려워서 돈을 많이 버는 일, 셋째 힘든데 돈을 적게 버는 일, 넷째 재미있거나 쉬운데 돈을 적게 버는 일로 나눌 수 있다고 했다.

인상적이었던 부분은 법조인 대부분은 '힘들거나 어려워서 돈을 많이 버는 일'을 하게 된다는 말씀이었다. 법조인은 영화와 달리 결코 '재미있고 돈을 많이 버는' 직업이 아니며, 전문지식이 없으면 하기 어려운 일을 하면서 그 대가로 돈을 많이 버는 것이라고 강조했다. 그러니 재미가 없는 것은 감수하고 누구보다 성실하고 진지하게 살아야 한다는 것이 핵심 메시지였다.

재미있고 돈을 많이 버는 직종은 예나 지금이나 매우 제한적이다. 주관적 만족도를 떠나 겉으로 보기에 재미있어 보이고 돈도 많이 버는 직업은 성공한 연예인과 예술가 등에 한정된다. 물론 넓게 보면 자기 일을 즐기며 돈을 많이 버는 사람들을 모두 포함할 수 있겠지만, 겉으로 보이는 것을 기준으로 한다면 그렇다.

재미있어 보이는 직업은 늘어나는 추세다. 연예인, 운동선수, 예술가와 같은 전통적인 셀럽Celebrity뿐만 아니라 웹툰작가, 유튜버, 프로게이머 등이 새로운 셀럽으로 떠오르며 고소득과 인기를 동시에 얻고 있다. 심지어는 왜 유명한지 알 수 없지만, 굉장히 유명하고 잘나가는 인플루언서들도 있고, 이들 역시 자신의 영향력을 이용해서 광고나 협찬으로 화려한 삶을 살곤 한다.

셀럽이 고소득을 올리는 것은 어제오늘만의 일은 아니다. 이제 우리나라도 '필요'를 넘어서, '재미', '즐거움', '감동'에 더 큰 가치를 부여하는 사회로 접어들었다. 로봇이나 인공지능AI과 같이 인간의 노동을 대체하는 기술이 발달하면 발달할수록 이러한 경향은 강화될 것이다.

전통적인 연예인, 운동선수 등에 비해 유튜버, 웹툰작가 등 뉴셀럽New Celeb은 훨씬 되기 쉬워 보인다. 유튜버의 경우 전통적인 의미의 연예인이 되는 것보다 진입장벽이 낮다. 물론 성공한 유튜버가 되기까지의 경쟁은 더 치열할 수도 있지만, 연예인은 뭔가 다른 세상에 사는 사람 같다면, 유튜버는 나와 크게 다르지 않은 사람으로 보인다. 그래서 성공한 유튜버를 보면 '나도 할 수 있을 것 같은데' 하는 생각이 들고, 더 부러운 것일지도 모른다.

문제는 지루한 일을 계속할 의욕이 떨어진다는 것이다. 재미있어 보이는 영상을 찍으면서 큰돈을 벌고, 협찬받은 옷을 입고 찍은 사진 몇 장을 인스타그램에 올리면서 편하게 사는 셀럽들을 보면 재미없고 힘든 일을 할 의욕이 떨어진다. 유튜버로 성공하는 것이 쉽지 않다는 것을 머리로는 알지만, 그래도 '재미있고 화려해 보이는 삶'에 대한 동경은 쉽사리 떨치지 못한다.

일도 재미없는데 꼰대들이 가득한 사무실 풍경을 보면 셀럽의 삶과 내 삶은 왜 이렇게 다른가 탄식이 나오기도 할 것이다. 회사 입장에서 보면, 갑자기 일이 재미있어지게 하기는 어렵다. 그러나 조직문화라도 조금 덜 권위주의적이게, 조금 더 일에 보람과 재미를 느낄 수 있게 바꾸는 것은 필요하다.

재미없는 일을 꾸준히 해나가는 것은 쉽지 않다. 스마트폰만 보면 화려한 셀럽의 모습이 각종 SNS에 가득하고, 유튜브와 넷플릭스에는 재미있는 볼 것이 넘쳐나는 세상에서는 더욱 그렇다. 점점 지루함을 참기 어려운 세상이 되고 있다.

친해지고 싶지 않아

온라인 커뮤니티에 '회식 불참 vs 참석 논란'이라는 제목의 게시물이 올라와서 화제가 된 적이 있다. 글쓴이는 게시물에서 "우리 부서에 스무 살 신입사원이 입사했다"면서 "원래 사람이 들어오면 1주일 내로 환영회 겸 회식을 한다"고 설명했다. 이어 "위드 코로나로 전환하면서 이사님이 낮에 회식을 한다고 했다"며 "정상 근무는 오후 8시까지인데, 오후 5시까지만 하고 (회식하러) 갈 것이라고 공지했다"고 덧붙였다.

하지만 신입사원은 "저 회식 안 갈 건데요? 요즘 시대에 전부 다 참석을 해요? 가고 싶은 사람만 가면 되잖아요?"라고 하며 환영회식 참석을 거부했다고 한다. 이사는 회식 참석을 거부하는 신입사원에게 "술이 싫으면 그냥 고기만 먹어요"라고 설득했지만, 신입사원은 "술을 좋아하는데 회식 자리가 싫은 것이다. 시간이 아까운 것"

이라고 답했다는 것이다.

그러자 이사는 신입사원에게 "그러면 원래 퇴근시간인 오후 8시까지 일 마무리하고 가라"고 말했고, 신입사원은 "다른 사람들은 근무시간에 술 마시고 노는 것 아니냐. 제가 남아야 할 이유는 없는 것 같다"고 답했다.

중간관리자인 글쓴이는 이러한 상황을 전하면서 "이 상황에 뇌 정지가 왔고, 내가 해결해야 하는 문제인 것 같은 데 답이 없었다"고 썼다. 게시물을 본 네티즌들은 갑론을박을 벌였다. '업무시간에 갖는 회식은 업무가 맞다'는 의견이 있는가 하면, '회식을 강요하면 안 된다'는 의견도 있었다.[5]

위 커뮤니티 게시글이 실화인지 아닌지는 알 길이 없지만, 네티즌들이 열띤 토론을 벌이는 것을 보면 충분히 있을 법한 일로 인식되는 것 같다. 실제 회식을 꺼리는 직장인들이 많고, 점점 늘어나고 있기 때문이다.

취업 플랫폼 사람인이 2021년 10월 '직장 내 세대 갈등'을 주제로 직장인 1,354명에게 실시한 설문조사에 따르면, MZ세대의 37.7%는 '회식은 불필요한 시간 낭비'라고 생각했다. 이는 '회식은 팀을 만들기 위한 즐거운 행사', '회식은 회사 생활을 위해 어쩔 수

---

5 '[e글e글] 신입사원이 환영회에 안 가겠대요… 노무사 의견은?', 동아일보, 2021. 11. 10. 참조

없이 필요한 것' 등의 답변보다 우세한 것이다.[6]

회식의 가장 큰 문제는 회식에 대한 기대치가 구성원마다 다르다는 점이다. 주최자인 부서장과 몇몇 직원들에게만 재미있을 수도 있다. 특히 최근에는 내가 원하는 사람들과 원하는 활동을 하는 것이 얼마든지 가능하기 때문에 회식과 같은 공적인 만남보다 편하고 즐거운 사적 만남을 추구한다. 온라인 커뮤니티, SNS 등이 발달하기 전에는 인간관계가 오프라인에 한정되었다. 그러나 지금은 온라인에서 나와 취미 내지 취향을 공유하는 사람들을 쉽게 만날 수 있다.

내가 원하는 사람과 원하는 모임을 하는 것에 비해 회식은 지루하거나, 힘들거나, 내 취향에 안 맞을 가능성이 높다. 이미 틀에 박힌 '삼겹살에 소주' 회식은 줄어들고, 영화나 공연을 관람하는 식의 회식이 점점 늘어나고 있다. 그러나 이런 새로운 회식들도 옛날 회식보다 낫다는 것이지 각자 원하는 시간을 보내는 것에 비할 수 없다.

과연 퇴근 이후에 술자리를 갖는 형태의 회식이 10년 후에도 존재할까. 회의적이다. 앞으로는 오프라인에서 친해져야 한다는 당위만으로, 실제로 친해질 수 있는 인간관계의 양상은 점점 사라질 것이다. 온라인에서 충분히 원하는 인간관계를 맺을 수 있는 사람들은 더욱 과감하게 '친해지고 싶지 않아'를 외칠 것이다.

6　위 기사 참조

5

통일 꼭 해야 돼?

80년대 낀대

홍준표도 버린 '통일 집착'

홍준표 의원(20대 대선 국민의힘 경선후보)은 2021년 7월 10일 자신의 대북정책을 발표했다.[7] 대북 정책의 기본 원칙으로 "남북 상호 불간섭주의를 천명"하겠다고 했다. 그러면서 "통일은 동, 서독처럼 체제 경쟁의 결과에 맡기도록 해야"하고, "낭만적 민족주의도 배격하고 오로지 냉혹한 국제질서에 따라갈 수밖에 없는 것이 지금 한반도의 현실"이라고 주장했다. 홍 의원의 주장을 요약하면, 통일을 억

7 '홍준표 의원, JP의 희망편지 2', 2021. 7. 10. 발표

지로 앞당기려는 집착을 버리고, 남한과 북한이 서로 간섭하지 않고 지내자는 것이다.

강한 보수 이미지를 갖고 있고, 54년생으로 '우리의 소원은 통일'에서 벗어나기 어려운 세대인 홍준표 의원으로서는 다소 놀라운 주장이다. 그런데 더욱 놀라운 것은 홍준표 의원의 남북 '상호 불간섭' 주장이 국민들 사이에서 그리 큰 이슈가 되지 못했다는 점이다. 많은 국민들이 홍준표 의원의 주장을 충격적으로 받아들이지 않은 탓이다.

홍준표 의원은 본인이 8,182명을 직접 면담한 결과를 담은 인뎁스(In-Depth) 보고서를 바탕으로 대선공약을 구성했다고 밝힌 바 있다. 홍준표 의원 스스로도 국민들과의 면담을 통해 많은 국민들이 남북 상호 불간섭 주장에 대해 공감하거나 최소한 크게 반발하지 않을 것이라는 점을 알았을 것이다.

한편, 이재명 후보도 2021년 11월 5일 경북대학교 초청강연에서 문재인 정부 대북 정책에 대한 견해를 묻는 질문을 받고 북한에 대한 자신의 생각을 설명했다. 이재명 후보는 "북한은 특이한 존재"라며 "친한 친구도 아니고, 버리려 해도 버려지지도 않고, 안 떨어지는 코로나19 같다"고 했다. 그러면서 문재인 정부에서는 "북한이 '삶은 소 대가리'라고 가끔 흉은 봐도 총질은 안 하지 않느냐", "극단적인 대결이나 대립, 갈등까지 안 가게 관리되고 있는 것은 성과"라고 평가했다.

북한이 코로나19 같다는 표현은 더불어민주당 대선후보가 했다고는 믿기 어려운 말이다. 그러나 국민들이 이러한 발언에 큰 충격을 느끼지는 않았다. 대부분의 언론도 이재명 후보의 위 발언을 소개하기는 했으나, 이재명 후보의 대구 방문 자체에 더 주목했고, 위 내용이 기사의 제목으로 사용된 경우도 드물었다.

이미 국민들은 통일에 대한 집착을 버렸다. 문재인 정부를 겪으면서 대북관계를 개선한다는 명목으로 엄청난 정치적, 외교적 자산을 북한을 위해 소진하는 것이 현명하거나 바람직하지 않다는 것을 몸소 느낀 것이다. 우리가 통일에 집착한다고 해서 바람직한 모습의 통일이 갑자기 이뤄지거나, 북한이 하루아침에 우리가 원하는 방향으로 변화되지도 않는다는 것을 알고 있다.

같은 민족이면 꼭 통일해야?

남한과 북한, 중국과 대만의 관계와 달리 같은 민족이지만 분리되어 평화롭게 살아가는 경우도 있다. 대표적으로 독일과 오스트리아가 있다. 독일과 오스트리아는 민족적으로 같은 게르만 혈통에서 분리됐다. 언어도 공히 독일어를 사용한다. 물론 오스트리아식 독일어의 특색은 존재하지만, 일반적인 방언 수준의 격차라고 한다. 민족과 언어가 같음에도 별개의 국가를 이루며 살아가고 있는 것이다.

독일 역사 자체가 매우 복잡한 탓에 독일과 오스트리아는 역사적으로 복잡한 관계성을 지니고 있다. 가깝게 보자면 1938년 나치 독일에 의해 오스트리아가 병합되면서 한 나라를 이룬 바 있다. 이후 1945년 나치 독일의 2차 세계대전 패전으로 오스트리아는 연합국에 의해 별도의 공화국으로 분리됐다.

한 가지 흥미로운 점은 히틀러의 고향이 바로 오스트리아라는 점이다. 히틀러는 오스트리아 린츠에서 어린 시절을 보냈고 빈에서 화가로 생활하다가 뮌헨으로 이사한 것으로 알려져 있다. 히틀러는 뮌헨에 머물던 중 1차 세계대전이 발발하자 독일군에 자원입대 하게 된다. 그렇다 보니 독일인과 오스트리아인 사이에선 가끔 히틀러가 어느 나라 사람이냐를 놓고 논쟁을 벌인다는 우스갯소리도 있다.

본론으로 돌아가면, 독일과 오스트리아는 뿌리는 같지만 별개의 국가다. 그러나 함께 어우러져 잘 사는 평화로운 이웃으로 살아가고 있다. 독일과 오스트리아가 통일이 되어야 한다는 주장은 양국 모두에서 존재감이 없다. 오스트리아가 영세중립국이 된 역사적 배경도 있겠으나, 더 큰 이유는 양국 국민들이 실생활에서 불편하지 않다는 것이다.

독일과 오스트리아 모두 EU에 속해 있어 국민들의 왕래가 자유롭고 같은 화폐를 사용하기 때문에 국경이 경제활동에 특별한 지장을 초래하지도 않는다. 상상해보자. 남북한 사이에 왕래가 자유롭고 같은 화폐를 사용하면서 자유롭게 경제활동을 할 수 있다면 얼마나 좋겠는가. 통일이라는 당위보다 북한을 여행하고, 북한을 통해 러시아와 유럽으로 나아가는 실리가 더욱 중요하지 않을까.

국민들도 점차 통일이 필수적이라는 생각에서 벗어나고 있다. 문화일보가 2021년 11월 20, 30, 40, 50대 각각 500명씩 모두 2천 명을 대상으로 세대 인식 설문조사를 한 결과, 남북통일의 필요성을 묻는 질문에 '필요하다'는 응답이 50대는 64.6%에 달했다. 반면, 2030은 통일 필요 의견이 20대 44.2%, 30대 47.6%에 불과했다.[8]

통일에 소요되는 사회적 비용이 크면 클수록 국민들의 고민도 깊어질 것이다. 같은 설문조사에서 '국익을 위해 나의 이익을 희생할 수 있다'는 입장에 50대는 50.2%가 동의한 반면 30대는 동의하지 않는다는 응답이 74.2%에 달했다. 국민들이 납득할 수 있는 통일 계획을 수립하지 못하고 단순히 통일의 당위성만을 앞세우거나, 남북관계 개선을 통한 정치적 이득을 얻고자 하는 정치 세력은 앞으로 국민의 지지를 얻기 어려울 것으로 보인다.

우리 헌법 제4조는 대한민국은 통일을 지향하며, 자유민주적 기본질서에 입각한 평화적 통일 정책을 수립하고 이를 추진한다고

---

8 '통일 필요 없다. 30대 52% > 50대 35%', 문화일보, 2021. 11. 2. 참조.

규정하고 있다. 따라서 통일을 지향하는 것은 국가의 헌법적 책무다. 그러나 헌법은 통일을 '급하게' 또는 '억지로' 추진할 것을 주문하고 있지는 않다. 미래 세대에 심대한 부담을 주는 형태로 통일을 추진하는 것을 지지하기는 어렵다. 통일도 그럴진대 북한과의 우호적 관계를 위해 퍼주기를 하거나 끌려가는 것은 미래 세대의 동의를 받기 어려울 것이다.

프랑스와 독일의 '쌍둥이 교과서'

남북관계는 간단하지 않다. 북한체제를 보장해주겠다고 한들 북한 지도부가 이를 쉽게 믿고 개혁개방, 정상국가화의 길로 들어서겠는가 말이다. 통일까지 가기 전에 남북관계가 독일과 오스트리아 관계, 아니 개인들이 자유롭게 왕래와 소통이 가능한 관계(남한과 북한을 제외한 대부분의 국가와의 평범한 관계라고 할 수 있겠다)만 되어도 혁명적인 변화로 느껴질 것 같다. 서로 왕래하고, 교역을 하는 나라끼리는 대체로 전쟁을 하지 않는다.

북한 당국이 단기간 내에 주민들의 왕래, 자유로운 방송, 통신 등 체제위협적인 변화를 채택할 것이라고 기대하기는 어렵다. 디지털 통신기술의 발달도 세계에서 가장 통제가 심한 북한 사회에서는 변화를 일으키는 속도가 더딜 수밖에 없다. 여기서 남한과 북한의 왕래와 소통을 이끌어내는 방안에 대해 길게 이야기할 것은 아니지만, 그래도 실현 가능성이 조금은 있는 방안을 제시해보고자 한다. 바로 남북 공동교과서의 집필과 활용이다.

공동교과서는 이미 독일과 프랑스가 실현한 전례가 있다. 독일과 프랑스는 역사적으로 숙적 관계였다. 독일과 프랑스는 양국의 역사에 있었던 갈등을 공동의 시산으로 바라볼 수 있도록 하자는 뜻에서 2006년에 공동역사교과서를 만들었다.[9]

공동교과서 내용을 보면 어느 한 편의 주장에 치중하기보다 역사적 사건에 대한 다양한 시각과 이를 뒷받침할 사료를 충실히 제공하는 데 힘썼다. 가급적 사실만 기술하고 사진과 삽화 등 다양한 자료를 제시했다. 각기 해석이 다른 부분은 서로의 관점을 비교해 이해할 수 있도록 했다.

전체 교과서 분량의 30%만 서술이고 70%는 이를 뒷받침하는 사료들로 구성돼 있다. 예를 들어 '사회주의'란 주제는 종전 후 정부 구성에 적극 참여해 긍정적으로 인식되고 있는 점(프랑스)을, 분단의 아픔으로 부정적 인식이 강했던 시대적 맥락(서독)을 함께 제시했다.

공동교과서의 탄생엔 2003년 독일, 프랑스 청소년 의회에 참

---

9 "전범 책임 인정하는 독일 '전후 세대도 기억할 의무', 치욕 안 숨기는 프랑스 '나치에 부역한 역사 토론'", 중앙일보, 2017. 9. 15. 참조

석한 550여 명의 학생이 양국의 총리와 대통령에게 보낸 편지가 있다. "동일 사건을 다르게 해석하는 건 역사에 대한 무지와 선입견 때문이다. 양국의 학생들이 같은 역사를 배우고 서로 이해할 수 있게 해달라"고 했다. 양국 정부는 곧바로 상대국의 언어와 문화에 능통한 최고 실력의 필진 10명을 구성해 교과서 집필을 시작했다.

프랑스 측 집필자인 에티엔 프랑수아는 교과서 서문에서 "상대도 생각해야 한다. 우리가 '독일은 전쟁을 일으킨 가해자고 나쁜 놈'이라고 몰아붙였다면 교과서를 만들지 못했을 것이다. 나폴레옹의 경우도 마찬가지다"고 말했다. 독일과 프랑스의 공동 역사 교과서는 이처럼 지우고 싶은 전범국가로서의 기억을(독일), 또 나치에 부역했던 치욕스러운 과거(프랑스)를 함께 기록했다.

우리라고 못 할 것은 없다. 독일과 프랑스도 지금은 과거 전쟁을 상상도 할 수 없는 사이지만, 그 반목과 분쟁의 역사는 길고도 처절했다. 우리도 지금의 남북간 대립을 상상할 수 없는 과거의 일로 만들 수 있고, 만들어야 한다. 그러기 위해서 할 수 있는 것부터 시작하자는 것이다. 공동역사교과서가 좋겠으나, 역사교과서가 너무 민감하다면 덜 민감한 과목의 교과서부터 시작할 수도 있다. 팩트만 담백하게 기술하고, 판단은 학생들에게 맡기면 된다. 공동교과서를 만드는 과정 자체가 의미 있음은 물론이다.

통일 전에라도 서로 왕래만 가능해진다면, 별다른 준비 없이 한국어를 쓰며 북한을 다니고, 북한 사람들과 소통하는 것 자체가 우리에게도 큰 메리트다. 남한과 북한의 인식과 언어의 격차가 더욱 커져 한 언어를 쓰는 한 민족이라는 메리트마저 없어지지 않도록, 서로에 대한 이해가 더욱 부족해지지 않도록 공동교과서를 만들어보는 방안을 제안한다.

에필로그

오락실에서 스타크래프트로

“우리 세대는 마치 시티폰 같아.” 이 책을 쓰면서 이야기를 나눈 필자의 친구가 한 말이다. 아마 90년대 이후에 태어난 사람들은 시티폰을 모를 것이다. 그만큼 시티폰의 유행은 짧았다. 그도 그럴 것이 시티폰은 공중전화 박스 반경 200미터 안에서만 사용 가능했던 발신 전용 이동전화였고, 지금과 같은 형태의 휴대폰과는 경쟁 자체가 불가능한 서비스였다.

당시 상황을 모르는 세대는 시티폰이 왜 나왔는지 이해하기 어려울 것이다. 간단히 말해, 수신 전용 기기 삐삐와 발신 전용 기기 시티폰이 찰떡궁합을 이루었던 아주 짧은 시기가 있었다. 삐삐가 오면 공중전화로 발신인에게 전화를 걸어야 했으나, 휴대폰이 없었던 그 당시에는 공중전화마다 긴 줄이 있는 게 다반사였다.

줄을 설 필요 없이 공중전화 옆에서 언제든 통화할 수 있는 시티폰은 혁신의 상징이었다. 그렇지만 수신과 발신이 모두 가능한 휴대폰이 등장하면서 삐삐와 시티폰은 바로 '패싱' 당했고, 시티폰은 등장한 지 3년 만에 세상에서 사라지고 말았다.

'낀대'는 시티폰처럼 금세 패싱되는 세대일지도 모른다. 산업화, 민주화를 이룩한 선배 세대에 비해 정치·사회학적으로 '낀대'의 성과는 뚜렷하게 보이지 않는다. 디지털 네이티브라는 분명한 특징을 가진 90년대생과도 다르다. 그런데, 패싱되는 것이 꼭 나쁜 것일까.

낀대는 광복 이후 역사적 사명에서 자유로운 첫 세대다. 낀대 대부분은 "우리는 민족중흥의 역사적 사명을 띠고 이 땅에 태어났다"로 시작하는 〈국민교육헌장〉을 들어봤을 것이다. 민족중흥의 역사적 사명이라는 표현 자체가 지금 듣기에는 너무나 올드해서 국민교육헌장이 90년대 초반까지 실제 교육 현장에서 활용되었다는 것이 놀랍게 느껴질 정도다.

낀대는 우리 민족이 어느 정도 중흥된 상황에서 학창시절을 보냈고, 사회생활을 시작했다. 그래서 대한민국 역사에 큰 획을 그을 만한 성과를 낼 기회는 적었다. 하지만 반대로 거대 담론에 가려

져서는 안 되는 '개인의 삶'을 본격적으로 직시한 세대이기도 하다.

필자가 04학번으로 대학에 들어갔을 때 고학번 선배들은 '예전 신입생들은 학생운동도 열심히 하고 사회문제에 관심이 많았는데, 요즘 애들은 신입생 시절부터 학점관리, 고시공부를 한다.'라며 필자와 동기들을 타박하곤 했다.

대학생이 공부와 자기계발을 열심히 한다고 타박받는 것은 우스운 일이다. 그만큼 민주화 이후의 대학 사회는 거대 담론이 없어지고 학생운동의 동력이 사라지는 것에 적응하지 못하는 상황이었다. 그렇지만 대학 내에서 개인의 취향을 반영하는 새로운 흐름이 자리 잡는 데는 그리 오랜 시간이 걸리지 않았다.

학생운동이 한창일 때는 상상하기 어려웠던 힙합 동아리, 댄스 동아리 등이 활성화되고, 주식투자, 창업, 해외 취업 등 실용적인 주제를 다루는 학회나 소모임도 늘어났다. 그러면서 학생들의 삶은 보다 개별화, 다양화되었다.

비슷한 방식으로 낀대는 우리 사회를 차근차근 바꿔왔다. 비록 혁명적이지는 않았지만, 소심한 반항과 제도적, 문화적 변화를 통해 소확행(작지만 확실한 행복)과 워라밸(일과 삶의 균형)을 추구해왔다. 그 결과 우리 사회는 조금씩 개인의 삶, 행복, 가족, 여가, 취향 등이 존중되는 방향으로 나아가고 있다.

낀대가 특이하게 패싱되는 세대로 기록될 것이라고 생각하지 않는다. 하나의 세대 담론, 시대정신으로 한 세대를 규정할 수 없게 된 시작점이라고 보는 것이 더 정확할 것이다. 그만큼 우리 사회에서 살아가는 사람들의 모습은 복잡하고 다양해졌다.

앞으로는 하나의 세대가 산업화 세대, 민주화 세대와 같이 단일한 명칭 내지 거대 담론으로 규정되는 일은 쉽게 일어나지 않을 것이다. 이러한 거대 담론이 없는 세대가 행운일지도 모른다. 산업화 세대 모두가 산업 역군이었던 것은 아니고, 민주화 세대 모두가 민주화운동을 했던 것은 아니다. 그렇지만 모두의 어깨를 무겁게 했던 그 시대의 무게가 있었고, 그만큼 개인의 행복이나 개성을 추구하는 데 제약이 있었으니 말이다.

최근 주목받는 90년대생이나 00년대생들도 20년 뒤에 결국은 '낀세대'였다고 평가받을 가능성도 적지 않다고 본다. 개인적으로는 그랬으면 좋겠다. 기술의 발달속도나 그에 따른 사회변화의 속도가 혁명적이지는 않기를 바라는 마음에서 하는 말이다. 흔히들 디지털 혁신, 혁명이라고 하는 변화가 유토피아보다는 디스토피아로 다가올 것 같다는 불안한 느낌을 떨쳐버리기 어렵다.

낀대 이후의 세대가 실제 혁명적인 변화를 가져올 것인지를 정확히 예측할 수는 없다. 그러나 90년대생 등 낀대 이후 세대의 삶이 더 다양해지고 파편화될 것이라는 예측은 틀리지 않을 것이다. 앞서 살펴봤지만, 디지털 세대는 오프라인의 한계를 넘는 디지털 세상에서 자신의 취향을 맞춰 개별화된 활동을 하며 살아갈 것이기 때문이다.

앞으로는 기존 정치나 사회적 담론의 폭과 깊이를 뛰어넘는 개개인의 다양성을 어떻게 정치 · 사회학적으로 반영할 것인지가 정치나 사회학의 본격적인 과제가 될 것이다. 하나의 세대를 단일한 담론이나 관점으로 파악하는 것은 불가능한 일이 될지도 모르겠다. 낀대를 분석하면서도 지나친 일반화, 단순화의 오류를 범했을지도 모르겠다. 필자들은 경험의 한계 속에서 최대한 낀대를 잘 파악해보고자 애썼지만 공감하기 어려운 부분도 있으리라 생각한다.

마지막으로 낀대의 가치와 역할에 관해 이야기하고자 한다. 대한민국 사회의 변화가 빨랐던 만큼 각 세대의 경험의 차이가 클 수밖에 없다. 즉, 세대 차이가 크다는 말이다. 여기에 낀대의 소심한 특성까지 더하면, 90년대생이 보기에는 낀대가 젊은 척은 하지만 결국 586세대를 답습한다고 할 수도 있겠다.

낀대를 '젊은 꼰대'라고 단정하기 전에 낀대가 없는 회사나 단체의 모습을 상상해보자. 586세대 부장님과 90년대 후반에 태어난 신입사원이 직접 소통하는 것은 결코 쉽지 않을 것이다. 나이 차이가 많기도 하지만 서로 살아온 환경이 너무나 다르기 때문이다.

아날로그 환경에서 가난과 독재, 민주화를 경험한 586세대와 디지털 환경에서 선진국 국민의 삶을 살아온 90년대생은 세상을 보는 관점이 다를 수밖에 없다. 아날로그와 디지털 모두를 아우르면서, 중진국의 설움(?)도 느껴본 '낀대'의 존재가 소중한 이유다.

모든 세대가 처음 등장할 때는 '신세대'로 규정되고, 엄청난 변화를 몰고 올 것 같은 기대를 받는다. 상업적 마케팅을 위해 세대론이 동원된다는 비판도 있지만, 근본적으로 답답한 현실에 신세대가 변화와 새로움을 몰고 오기를 기대하는 기성세대의 희망이 반영된 것이라고 생각한다.

기성세대는 새로운 세대가 등장했을 때 자신들이 원하거나 감당할 수 있을 정도의 변화만을 수용하려는 태도를 보이기도 한다. 그런 태도가 꼰대 같다고 비판받는 지점 중 하나일 수도 있다. 그렇지만 기성세대도 마음속 깊은 곳에는 '세대 차이는 있을 수밖에 없다'는 것을 알고 있다. '낀대'인 필자도 마찬가지다.

필자가 보기에는 90년대생은 부담스럽게 당돌하다. 심하게 말해 인류가 아날로그 세상에서 쌓아온 관습과 질서를 너무 무시하는 것이 아닌가 싶은 생각이 들 때도 있다. 그렇지만 90년대생이 소심한 낀대가 하지 못했던 필요한 변화를 불러올 것이라는 기대도 있다.

동시에 필자는 낀대의 활약이 이제부터 시작이라는 기대가 있다. 낀대는 90년대생, 나아가 디지털 세대와 함께 우리 사회를 변화시키는 역할을 할 것이다. 필요하면 빠른 변화에 아날로그 세대들이 소외되지 않도록 속도를 조절하는 역할도 수행해야 한다. 그게 아날로그와 디지털을 모두 이해하는 소심한 낀대에게 가장 알맞은 역할일 수 있다.

낀대는 이미 디지로그 세대라는 강점을 대중문화 영역에서 충분히 보여주고 있다. 앞으로 낀대는 정치, 사회, 경제 등 다양한 분야에서 기존 아날로그 질서와 디지털 전환을 이어주는 역할을 맡게 될 것이다. 결국 '낀 세대'가 변화의 핵심적인 역할을 담당하는 어댑터(Adapter)가 되어야 한다는 말이다. 아무리 좋은 기기가 있어도 어댑터가 없으면 소용이 없다.

'낀대'의 시간은 아직 오지 않았다.

80년대 낀대

천하람

참고 문헌

-「대학진학에서의 계층격차: 가족소득의 역할」. 사회복지정책 42(3) 27-49p.구인회, 김정은. 2015.

-「부유한 가정일수록 사교육비 비중이 높아지는가」. 경제발전연구 14(1) 27-53p. 남기곤, 2008.

-「한국사회 고등교육 계층화의 영향 요인 분석」. 교육사회학연구 20(1) 73-102p. 변수용, 김경근. 2010.

-「부모의 사회경제적 지위가 자녀의 학업성취도에 미치는 영향에 관한 연구」. 사회복지연구 41(2) 217-246p. 신명호. 2010.

-「고등학생 학업성취에 대한 학교효과와 과외효과의 비교연구」. 교육사회학연구 11(1) 33-54p. 한대동, 성병창, 길임주. 2001.

-「기회와 불평등: 고등교육 기회에 있어서 사회계층간 불평등의 분석」. 한국사회학 36(4) 193-222p. 방하남, 김기헌. 2002.

-「Succeeding Generation: On the effects of investments in children」. New York: Russell Sage Foundation : Haveman, R. 1995. 구인회, 김정은. 2015에서 재인용.

- 「Unequal childhoods: class, race and family life」. Berkely: University of California Press Lareau,A. 2003.

- 『꿈을 쌓아두는 사람들(Dream Hoarders)』 리처드 리브스. 2017.

- 한국장학재단 국가장학금 국정감사 자료 정찬민 국민의힘 의원. 2020.

- '서울대 지역균형전형 합격자 자료' 종로학원하늘교육. 2019.

- 『21세기 무엇을 가르치고 배워야 하는가』 찰스 파델. 2015.

- 『자본과 이데올로기』 토마 피케티. 2020.

- '개천서 용나기, 26년 새 두 배 힘들어졌다' 한국일보, 2020. 10. 5.

낀대 패싱

튀고 싶지만 튀지 못하는 소심한 반항아들

초판 1쇄 발행 2022년 1월 25일

지은이 윤석만 천하람

펴낸이 신민식
펴낸곳 가디언
출판등록 제2010-000113호

주소 서울시 마포구 토정로 222 한국출판콘텐츠센터 306호
전화 02-332-4103
팩스 02-332-4111
이메일 gadian@gadianbooks.com
홈페이지 www.sirubooks.com

출판기획실 실장 최은정
편집 김혜수 **디자인** 이세영
경영기획실 팀장 이수정
온라인 마케팅 권예주

종이 월드페이퍼 **인쇄 제본** (주)한영문화사

ISBN 979-11-6778-027-0(03330)

* 책값은 뒤표지에 적혀 있습니다.
* 잘못 만들어진 책은 구입하신 서점에서 바꾸어드립니다